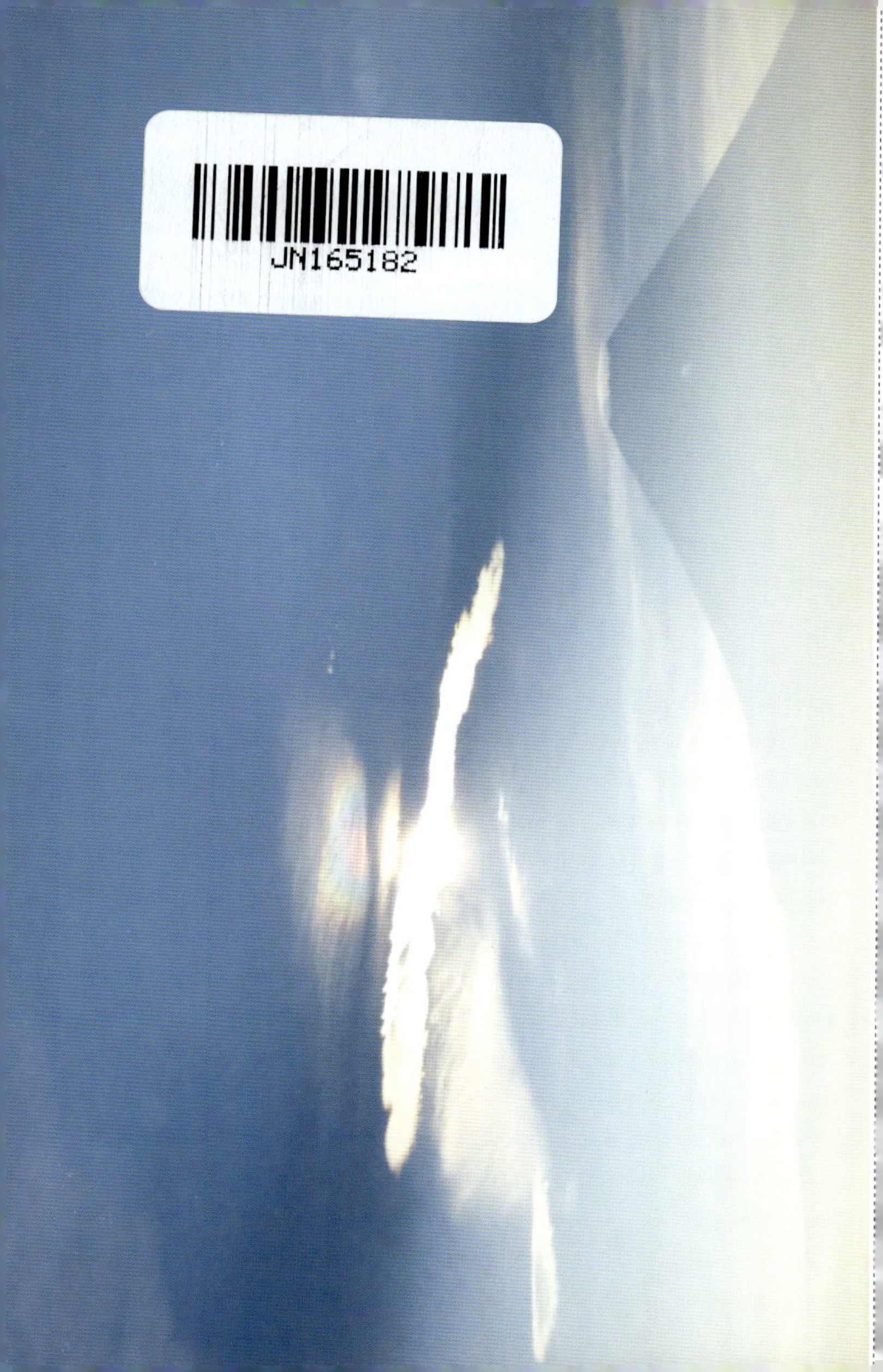

なぜか神様が味方する

すごい！金運の引き寄せ方

田宮陽子
Tamiya Yoko

PHP研究所

おめでとうございます！
この本を手に取ったあなたは、
すでにお金持ちになることが
約束されています！

「いやいや、絶対そんなわけないでしょ！
この本……大丈夫!?」
はい、そうですよね。
そう思った方は、すごくまともな方です（笑）。

でも、私は冗談じゃなく、
本気で言っているのです。

なぜなら、この世には**「そう信じることができた人だけが、お金持ちになることができる」**という法則が働いているからです。

以前、私はお金に困ったことがありました。
その私がいまではお金に不自由なく
生活できるようになったのも、
このシンプルな法則のおかげです。

「私はすでに『豊かで幸せなお金持ち』に
なることが約束されている！」

心からそう思うだけで、明日から起こる
出来事が、不思議と変わってくるのです。

それはまず、**「小さな臨時収入」**という形で、
やってくるでしょう。

それがきたら、**「あなたの願いはちゃんと宇宙に届いていますよ！」**という、
神様からの嬉しいサインです♪

この世には**「お金の川」**が流れています。
一生懸命がんばらなくても大丈夫。
その「お金の川」に手を入れるだけで、
自分のところにお金を流すことができる。
お金はドンドン引き寄せることができるのです。

最後にもういちど言いますね。

「おめでとうございます！
この本を手に取ったあなたは、
すでにお金持ちになることが
約束されています！」

はじめに

がんばらずに「お金の波」に乗るたったひとつの魔法

最初に、この本をたまたま手にした人にお伝えしたいことがあります。

それは——、

「おめでとうございます！　あなたはすでに『豊かで幸せなお金持ち』になることが約束されています！」

こんなふうな言葉を聞くと「まさか！　たまたま本を手にしただけで、私なんてムリムリ……」「私、いま、お金のことですっごく困っているんですけれど……」「私のお給料、ぜんぜん上がるふうには思えません……」「そうなれたらいいけれど、いままでの流れを見ても『お金持ち』なんかには、ほど遠いと思う」……そんなふうに否定的に思ってしまうかもしれません。

けれど、これは本当なんです。

「私はすでに『豊かで幸せなお金持ち』になることが約束されているんだ!」、そのことを素直に信じた人だけが「お金持ち」への階段をのぼっていくのです。

「私なんて、お金持ちからほど遠い」「私とは、関係のない世界だわ」と心の奥底で思っている人と、「私はすでに『豊かで幸せなお金持ち』になることが約束されている!」と心の奥底で思っている人とでは、明日から起こる出来事にあきらかな「違い」が生まれてきます。

どんな「違い」が生まれるかというと「お金の流れ」です。

それはまず**「小さな臨時収入」というカタチで始まる**ことがほとんどです。

早い人では半日以内に、ゆっくりペースの人でも3日以内に、「小さな臨時収入」があなたのところに流れてくるようになります。

その「小さな臨時収入」は「現金」とは限りません。「ほしいなあ！　と思っていたモノを絶妙なタイミングでいただく」「使う予定だったお金を使わなくて済むようになった」「本棚の後ろから小さなポーチが出てきてその中に、商品券が入っていた」……などなど、さまざまなカタチであなたに「臨時収入」が流れるようになります。

これは**宇宙からの「はい！　これで、あなたは『豊かで幸せなお金持ち』になることが約束されましたよ〜！」という「始まりのチャイム」**なのです。

そして次に「たのまれごと」があなたに来るようになり、それは徐々にあなたの「天職」へつながっていきます。

そして、「天職」までたどりついたらお金はもう際限なく「あなたがほしいと思っただけ」入ってくるようになります。

このとびきりハッピーな奇跡の始まりは「自分はすでに『豊かで幸せなお金持ち』になることが約束されている！」ということを信じるかどうかなのです。

実は「豊かさ」は、誰かにだけ与えられる限られたものではないのです。

もしあなたが、心の奥に潜《ひそ》ませている「お金への思い込み」（メンタルブロック）の存在に気付き、そのブロックを解き放って、「お金の川」の流れをよくする方法を知れば、流れが一気に変わります。「臨時収入」「昇給」「あなたの可能性を広げるチャンス」など、さまざまな「豊かさ」があなたのところにそそぎ込むようになるでしょう。

そして、あなたはひとつだけ私と約束をしてください。あなたが「豊かで幸せなお金持ち」に実際になったとき、自分がどうやってそうなれたのかを「お金に困っている人」にできるだけわかりやすく教えてあげてほしいのです。そして、あなたのところから「豊かで幸せな輪」を広げていってください。

私はこの本に自分が知りうるかぎりの「豊かさの波に乗る！　お金の法則」を書きたいと思います。

最後にもういちど言いますね。

「おめでとうございます！　あなたはすでに『豊かで幸せなお金持ち』になることが約束されています！」

田宮陽子

特別付録

見ているだけで、お金に愛される！
「豊かな波動」になる！
「光の写真」

これは私の友人の小玉泰子さんが撮影した「光の写真」です。

おめでたい富士山に、まぶしく輝く太陽、その周りの雲が鳥の羽のようで、私は「鳳凰《ほうおう》が富士の上を羽ばたく姿」に見えるのです。

この写真を眺めているだけで、なんとも「豊かな気持ち」になってきます。この「豊かな気持ち」でいることが、お金に愛され、お金を引き寄せるように思うのです。

小玉さんは自然が大好きで、いままで世界中を旅して、自然の美しさを撮影してきました。

彼女が自然の中で撮影をすると、なんともいえない美しい光を放った「光の写真」がとれるのです。まるで太陽や自然が小玉さんの写真を通じて、「私たちのパワーをもっと知ってください！」「私たちの力を使って心を豊かにしてくださいね」と伝えてきているようにも思うのです。

実は、私のブログにも小玉さんの「光の写真」をのせているのですが、写真を見た読者さんからこのような声が届いています。

- **お金の流れが良くなり「臨時収入」が増えた！**
- **大きな仕事の依頼が入ってきた！**
- **ダンナさまのお給料がアップした！**
- **部屋をきれいにしたくなり、部屋を掃除したら、ムダ使いが減った！**

ぜひ、この「光の写真」を玄関やリビングに飾ったり、バッグに入れて持ち歩いてみてくださいね。あなたの金運がますます上がっていくことを心から応援しています。

詳細を知りたい方は、以下のホームページをご覧ください。

http://www.celebratepicture.com

なぜか神様が味方する
すごい！　金運の引き寄せ方

目次

第1章 あなたは「豊かで幸せなお金持ち」になれます！

第2章

「豊かで幸せなお金持ち」が絶対にしない10のこと

第3章

もっと「お金に愛される」ためにできる毎日の習慣

第4章
あなたの金運を「豊かさの波」に乗せましょう！

装丁――一瀬錠二（Art of NOISE）
本文デザイン――本澤博子
特別付録写真――小玉泰子

第1章

あなたは「豊かで幸せなお金持ち」になれます！

気づき

あなたの心には「お金のメンタルブロック」がありませんか？

「豊かで幸せなお金持ち」になるためには、欠かせないことがあります。それは、**「自分の心に、お金に対するメンタルブロックがあることに気付くこと」**。

ここからあなたの「豊かで幸せなお金持ち」へのステップは始まるのです。

あなたは「メンタルブロック」という言葉を聞いたことがありますか？

「メンタルブロック」っていうのは、あなたがなにか行動をするときに、「私はもう、これ以上はできない……」「私なんて、とてもそんなことはできない……」というふうに、自分で勝手に可能性をせばめて「できない」と思い込んでしまうことを言います。

そして特に**「お金に対して腰がひけている思い」のことを「お金のメンタルブロック」と呼んでいます。**「お金のメンタルブロック」は小さいころ親に言われたことや、身近な人から言われたことが引き金となって、自然と心にできてしまっていることが多いものです。

例えば、小さい男の子が「オレ、社長になってお金持ちになりたいなあ！」と思ったとします。ところが親から「うちみたいに貧乏な家に生まれたあんたが、社長とか、お金持ちなんかになれるわけがないでしょう？」と言われたりします。また学校の先生から「そんな、うわついたことを言わないで堅実に働くことを考えなさい」と言われたりもします。その男の子は**いろいろな大人から否定的なことを言われているうちに「オレ、やっぱムリかも……」と思うようになってしまう。**こうして、その男の子の心には「お金のメンタルブロック」ができてしまうのです。

実は人は20歳になるまでに、14万7000回ほどの「お金に対する否定的な言葉」を聞くと言われています。ですから、誰にでも大なり小なり「お金のメンタルブロック」があるのが普通なのですが、そのことに、私たちはなかなか気付きません。しかし、このブロックのせいで、知らず知らずのうちに「お金がたくさん入ってくること」を避けるようになっているのです。ですからまずこの**「お金のメンタルブロック」をはずすことが大切**です。それができたら、**実はどんな人でも「自分が思い描いたとおりのお金持ち」になれる**のです。

「では、どうしたらお金のメンタルブロックってはずれるの？」と、あなたは思っているかもしれません。「お金のメンタルブロックのはずし方」は次の項目でお伝えしますが、実は「あれ、私の心にもお金のメンタルブロックがあるのかもしれない!?」と「気付いただけ」で、あなたの心の中には「革命」が起きているんです。いますでにあなたの心は「お金のメンタルブロックをはずして私も豊かになりたい！」っていうふうに動き始めているのです。

自分の心に「お金のメンタルブロック」があることに気付こう！

お金への否定的な思いに気付くことが、「豊かで幸せなお金持ち」になるためのファーストステップです。

開運への道

お金に対してポジティブな思いを持っている人のグループに入ろう！

さっそく「お金に対するメンタルブロックをはずす方法」をひとつご紹介しようと思っています。わかりやすくお伝えするために「ノミ（蚤）のサーカス」という話をご紹介します。

むかしフランスではノミを踊らせたり、いろんな芸をさせて、お客さまを楽しませる出し物がありました。ノミという虫は実はすごい能力を持っていて、訓練しだいではどこまででも高くジャンプできるのだとか。

ところが、ノミをビーカーに入れてその上部を板でふさいでしまうと、ノミは高くジャンプしようとすると板にぶつかって痛い思いをします。そうなるとノミは高くジャンプするのをあきらめてしまい、底からほんの少しだけ飛び上がるだけになってしまうのだとか。

たとえ上部をふさいでいる板をはずしたとしても、「あきらめたノミ」はもう二度と高く飛ぶのをやめてしまうそうです。

では「あきらめたノミ」を「再び高くジャンプするノミ」に戻すにはどうすればいいと思いますか？　**ノミをビーカーから出して「楽しそうに高くジャンプしているノミ」のグループに交ぜてあげればいいのです。**「高く飛ぶとぶつかって痛い思いをするよ！」と思い込んでいるノミは、周りのノミが楽しそうにぴょんぴょん高く飛んでいると、はじめはそれをじっと見ているそうです。

やがて自分もちょっとずつジャンプし始めて、少しずつ、少しずつジャンプする高さが伸びていき、最後には高く、高く、飛ぶことを始めるそうです。

実は、これと同じことが人間にも言えるのです。**心に「お金のメンタルブロ**

ック」がある人がそれを自然とはずす方法。それは「お金のメンタルブロックをはずして、お金に対してポジティブな思いを持っている人のグループに入ること」。そんな仲間と頻繁《ひんぱん》に話をしていると、「自分にもできる！」という気持ちが自然と湧《わ》いてきます。そしてあなたの中にある「お金のメンタルブロック」は、少しずつ消えてなくなっていくのです。

あなたの周りに「お金のメンタルブロックをはずした人」がいなければ、「お金のメンタルブロックをはずすために、お金のことを学んでいる人」と仲良くなることでもよいでしょう。また「あなたが憧れているセレブ」「尊敬する幸せなお金持ち」が、お金について書いている本やブログを頻繁にチェックして、その人が放っている**「豊かな波動」に、毎日触れていましょう。**それだけでも「私も幸せなお金持ちになれる！」という気持ちが高まっていき、あなたのメンタルブロックを消去するのに役立ってくれます。

これが「お金のメンタルブロックをはずす第一歩」になるのです。

「お金のメンタルブロック」から一刻も早く自由になろう！

「幸せなお金持ち」になるためには、
お金に対する「豊かな波動」に
毎日触れることが大切です。

承認

お金を受け取るコツは、「拍手をもらっている！」と思うこと

実は、日本人は特に「お金を受け取るのがニガテ」という人が多いのだそうです。確かに心当たりがある人は多いのではないでしょうか。お金を受け取るときに、どうしても「申し訳ない」とか「相手にすまない」とか「こんなにもらっちゃダメだ」という遠慮の気持ちが湧いてきてしまう……。もしくは「相手に借りを作るみたいでイヤだ」という人もいるでしょう。

前項でもお話ししましたが、このような**「お金を受け取ることに腰がひけていること」**も、**「お金のメンタルブロック」のひとつ**です。「お金のメンタルブロ

ック」があると、お金はその人のところに流れないようになってしまいますから、できるだけ早くそこから自由になりましょう。

よくレストランのレジの前で「今日は私に払わせてください！」「いえいえ、そんなのいけません！」「いいえ、ここは私が！」というドラマが繰り広げられていることがあります。しかし、これでは時間がかかって、レジの人や支払いを待つ人に迷惑をかけることになります。どちらかが「それでは今日はご馳走《ちそう》になりますね。本当にありがとうございます」と笑顔でさわやかに「ご馳走になること」を受け取ったほうが、レジの支払いもスムーズで、他の人のジャマにならずに済みます。こういったドラマが始まるのも、双方の「お金を受け取れない」という「お金のメンタルブロック」から発生しているのです。

このようなブロックをはずすとても有効な方法として、**「お金は、お客さんから拍手をいただくようなもの」と考えてみる**ことをお勧めしています。あなたがピアニストで、コンサートですばらしい演奏をしたときに、最後にお客さんはスタンディングオベーションで拍手をしてくれるでしょう。そのときに「私はそんなたいした演奏はしていませんから、拍手なんていりません……」というふうにヤボなことを言うピアニストはいません。笑顔で堂々とお辞儀をして、観客から拍手を受ける。これもピアニストの仕事です。「お金を受け取ること」もそれと一緒なのです。

あなたのやった「すばらしい仕事」に対して、相手から拍手（お金）をもらったら笑顔でお礼を言って堂々と受け取りましょう！ それが「拍手（お金）をくれた人」に対するマナーです。つまり収入とは**「自分が人を喜ばせた結果がカタチになったもの」**。そう思ったら、収入が増えれば増えるほど「より多くの人のお役に立てている！」と嬉《うれ》しい気分でいっぱいになります。そして、あなたが誰かに対して「お金」を支払うときも、「すばらしい演奏に拍手を贈ろう！」……そんな気持ちで感謝を込めて相手にお渡ししましょう。そうすると**「喜びのエネルギー」がお金を通じて、この世界に循環するようになる**のです。

収入が増えれば増えるほど、「より多くの人のお役に立てている！」と誇りに思おう！

幸せなお金を循環させて、
「喜びのエネルギー」が循環するようにしましょう。

熱中の力

「豊かで幸せなお金持ち」は、収入を「熱中料だ」と考える

いま私は毎日「大好きな仕事」をしてお金をいただき、本当に充実した生活を送っています。

しかし、ほんの数年前、「とてもお金に困っていた時代」がありました。

そのころの私は「派遣の仕事」をふたつかけもちしていました。ひとつは「テレフォンアポインター」という、通販の注文や苦情を電話で受ける仕事です。そして、もうひとつは事務の仕事です。当時の時給はたぶん1000円ぐらいだったと思います。

正直言うと、私はその仕事が「自分に向いている」とはまったく思えませんでした（断っておきますが、これらの仕事が向いていて「天職」の方もいらっしゃいます。私の場合は「向いていなかった」ということです）。

そのころの私はこんなふうに思っていたんです。「この仕事が向いているとは思えないけれど、いまはお金を稼がなきゃいけないからガマンするしかないよなあ……」。**私は時給の１０００円は「ガマン料」だと思っていました。**我ながら非常にネガティブな考え方だったと思います……（苦笑）。しかし当時の私は、「お金を得るためにはガマンするしかない」と心底思っていたのです。

こういうふうに考えていると、あたりまえのことですが「仕事はガマンのつみかさね」になります。だから「仕事が楽しい！」と思えることはほとんどありませんでした。お給料が入ってきても「ガマンをつみかさねてもらったお金なんだから、このお金を使ってストレスを発散したい！」という思いがどこかにありました。雑貨屋さんなどにふらっと入ると「かわいいポーチ」をふらっと買ってしまうのです。

なぜ「ポーチ」なのかというと、「これぐらいなら買ってもいい」という気持ちが働きやすかったのでしょう。ですから当時のクローゼットには、「使うあてのないポーチ」が山積みになっていたのを覚えています。そして、私はいつも「金欠」で、お金が入ってきてもすぐに出ていってしまうのでした。

その後、私はライターの仕事を始め、「成功者」と呼ばれる人やお金持ち、セレブを取材するようになりました。彼らの話を聞くうちに**「お金に困っている人と、お金持ちの人とでは、お給料に対する考え方が違うんだ！」**ということに気が付いたのです。

お金持ちや成功者になる人は、自分のお給料に対して「仕事を楽しませてもらった熱中料だ」と考えている人が多いのです。お金持ちや成功者、セレブは自分が情熱をそそげる仕事を見つけて、その仕事を心から楽しみ、毎日、仕事に熱中しています。私が子どものころ、水谷《みずたに》豊《ゆたか》さんが演じる熱血先生を描いた

『熱中時代』というドラマがありましたが、まさに毎日が「熱中時代」なのです。楽しくて、大好きで夢中になる仕事だから、ストレスが溜《た》まらず、昔の私のように必要のないものを衝動買いする必要もありません。夜も、充実した気分でぐっすり、さわやかに眠りに入れて、明日が楽しみでたまらないのです。

お金に困っている人がお給料に対して思うのは「ガマン料」。お金持ちが思うのは「熱中料」。同じ「お金」でも、思いがまったく異なります。

私は、この「大切なこと」に気が付きました。そしてそれ以来「自分が熱中できる仕事」を探すようになりました。もちろん、すぐに「大好きな仕事」が見つからないこともあります。そういうときは**「目の前の仕事」の中で、ちょっとでも熱中できることを見付けて、それをとにかくやり続けました。**

例えば、「お茶をいれるときにゆっくり丁寧にいれて、お茶を飲んだ人が『わあ、田宮さんがいれたお茶って、なんかおいしいね』と言ってもらえるようにする」。「メールを送るときは、最後にひとこと、相手の心があったかくなるような言葉をそえて、メールを受け取った人の心をあっためる」。こんな小さなことでも続けていくと、相手が喜んでくれることで私も嬉しくなり、それは大切な「仕事の熱中材料」になっていくのです。

いまの仕事に熱中する時間が増えれば増えるほど、「次のステージへのチャンス」というのがやってくるようになります。そして、最終的には「天職」というものにたどり着くのです。**「天職」になると、あなたがほしいだけ、お金は際限なく入ってくるようになる**のです。

大好きな仕事をしてお金を稼ぎ、人生を楽しむというのは「夢のまた夢」のように思えるかもしれません。

でも私の場合、「ガマン」をやめて「熱中できる仕事」を探し始めたとたん、「臨時収入」が増え、収入もグン！　と増えました。これは神様からの「そうやって仕事に熱中する姿っていいね！」というご褒美《ほうび》だと思っているのです。

熱中できる仕事や、熱中できるポイントをしっかり認識しよう。

熱中する時間が増えれば増えるほど、収入はぐんと上がります。

思いと結果

「自分のお給料を自分で決める」と実現する「引き寄せの法則」

会社におつとめしている人やＯＬさんが「会社をやめて独立すること」になったとしますよね。いままではその人の月々のお給料というのは「会社が決めていた」と思います。

でも、独立してフリーになると、**「自分のお給料は自分で決める！」**ということができるようになるのです。

この地球に住んでいる私たちには、誰にでも平等に「ある法則」が働いています。それは**「自分に起きることは、自分が思ったことしか起こらない！」**と

いう法則です。これこそが**「引き寄せの法則」**と呼ばれるものです。

つまり「ひと月に私は15万円ぐらい稼ぐだろう」と思っている人には15万円のお給料が入ってくる。「ひと月に私は30万円ぐらい稼ぐだろう」と思っている人には30万円のお給料が入ってくる。「ひと月に私は60万円ぐらい稼ぐだろう」と思っている人には60万円のお給料が入ってくる。……この自分の「思ったこと」……そう「引き寄せの法則」が「ひと月の収入」にも大きく影響しているのです。

特にあなたが独立してフリーになったときに、この「引き寄せの法則」は効果を発揮します。「私はフリーになっても、ものすごく価値があるからお金はたくさん入ってくる！」と思っていると、本当に「その通り」になります。その反対に「私なんてそんなに価値のある人間ではないから、サラリーマンがイヤでフリーになったけど、お金はそれほど入ってこないだろう」と思っていると、本当に「その通り」になります。そう**「お金というのは自分の思い方しだ**

いで流れ方が大きく変わってくる！」……このことを最初に知っておいてください。

そしていまサラリーマンだったりOLさんだったりした場合、「会社からいただくお給料」が突然、グーンとアップすることがなかったとしても、この「引き寄せの法則」は効果を発揮してくれます。自分で「ひと月にこのくらいお金がほしい！」とお給料の額を決めて、「私はそれにふさわしい価値がある！」と自分の才能や魅力を信じていると、「不思議な臨時収入」が続々と増え始めます。また突然、転職することになったり、あなたの才能を見込んだ人から「うちの会社に来ませんか？」というお誘いが来たり、起業や副業をするチャンスも出てくるので、あとは「宇宙の流れ」にまかせていましょう。

宇宙は「カリスマ・シナリオライター」なので、あなたが想像もしないようなドラマのあらすじを書いて、「あなたが自分で設定したひと月の収入」があなたのところに届くような流れを作ってくれるのです。

自分がひと月にほしい「お給料の金額」を自分で設定する。

自分に起きることは、自分が思ったことしか起こらない。
あなたの思いが結果を引き寄せます。

感謝

いま持っているモノに感謝して、充分に楽しむ工夫をする

「豊かで幸せなお金持ち」になるには、「お金さんの性質」を知っておくことが大切です。これからあなたが「幸せなお金持ち」になりたかったら、**「いま持っているモノ」に着目して、それで存分に楽しむ工夫をしてみてください。**

例えば「新しい服がほしいのに、お金がなくて買えない」と思っているのだったら、すでに持っている服をすべてクローゼットから出してきてください。「この洋服があって本当によかった！」と感謝しながら、「この服を使って、できるだけたくさんのコーディネイトを考えてみよう」と、「ファッション雑誌

のスタイリスト」になったつもりで何パターンものコーディネイトを組んでみましょう。そうやって「コーディネイトごっこ」を楽しんでいると、なぜか「不思議な臨時収入」があなたのところに入ってきます。これは「あなたのやっているコーディネイトごっこって、いいね！」という「お金の神様」からのご褒美なのです。

それから「冷蔵庫の中身」でも同じことがいえます。例えば「ステーキが食べたいのに、お金がなくて買えない」と思ったら、「ひき肉をステーキみたいな形にして焼いて、ステーキのソースをかけて食べてみようかな？」「お豆腐を水切りして片栗粉をまぶして、ステーキみたいに焼いてソースをかけてみたらおいしいかもしれない」「ナスをソテーしたものの上に、牛の細切《こまぎ》れ肉を焼いたものをのせて、ステーキのようにナイフとフォークで食べるのはどうかしら？」と、「料理研究家」になったつもりで「なんちゃってステーキのレシピ開発」をあれこれ工夫してみましょう。

そうやって「レシピ開発」を楽しんでいると、なぜか「不思議な臨時収入」があなたのところに入ってきます。これは「あなたのやっているレシピ開発って、いいね！」という「お金の神様」からのご褒美です。

今日から「いまあるモノ」や「いま買えるモノ」を見直して、知恵を使ってそのモノをぞんぶんに使いこなすことを楽しんでみましょう。そうしているとあなたからは**「充実したエネルギー」というものが発信されて、それが「お金の神様」の目にとまる**のです。**「お金の神様」は「充実した豊かなエネルギー」を出している人が大好き。**必ず、ご褒美として「臨時収入」というカタチであなたにお金を流してくれます。

これが**「幸せなお金持ち」になる最初の流れを作っていくことになる**のです。

「いまあるモノ」を大切に使いこなして楽しむことが、「お金の神様」の目にとまるコツ。

お金の神様は「充実した豊かなエネルギー」を出している人が大好きなのです。

払うは祓う

「支払い」はいつでも丁寧《ていねい》に、すっきりとスムーズにする

お金って、入ってきたときは嬉しいものですが、お金を「払うとき」というのはちょっと「シブシブになってしまうこと」ってありますよね。

例えば、家賃、光熱費、子どもの学費、なにかの会合費……それから「税金」。「はあ……（ためいき）、なんでこんなに高いんだろう……」「このお金を出したら、貯金通帳の残高がいっきに少なくなってしまう……」。そんなふうにシブシブになってしまう気持ち、わかります。

ところが「宇宙の法則」で言うと、**実は「払う」という行為は、お金を引き**

寄せるうえで、もっとも強いパワーを発揮すると言われているるんです。

「払う」ということは、神社の「おはらい」と同じで「祓《はら》う」（邪気《じゃき》を祓う）という意味を持っています。ですから「支払いの通知」がきたら、できるだけ早くスムーズに「お支払いをさせていただく」。**気持ちよく「お支払い」をしていると、あなたが溜めてしまって邪気や、家族の邪気も一緒に払えて、「お金の流れ」がグン！　とよくなっていく**のです。

そういえば、私がいままで取材した**「幸せなお金持ち」は、みなさん「お支払い」がとてもスムーズ**でした。どんなに小さな金額でも忘れたりしなかったし、係の人にも「よろしくお願いいたします」「いつもありがとうございます」とにこやかに丁寧に接していらっしゃいました。税金の通知が入った封筒や支払い用紙も、ファイルに入れたりして大事に扱っていました。こういう**「小さなつみかさね」って、誰も見ていなくても天は見ています。**

誰でも「今月はお金がピンチだな！」とか、「今月は、たくさん支払いをしなきゃいけない」っていうときがありますよね。そんなとき預金通帳の残高を見て不安になったり、「恐怖」を感じることはありませんか？　実はこの「不安」とか「恐怖の波動」が「お金の流れ」をますます遠ざけてしまうのです。

こういうときこそ、私たちは**自分で意識的に自分の波動を上げ、心から「不安」や「恐怖」を追い払わなければなりません。**

そんなときにぜひ言ってほしい開運言葉があるんですね。それは――、

「払えるワタシはすごい人！」

今回もあなたは「支払い」をなしとげました。「生活費」や「家賃」や「税金」や「カードの支払い」をちゃんとやりくりして「払えるワタシ」がいます。これって本当に「すごいこと」なんですよね。

「払えるワタシはすごい人！」

このひとことで、あなたの波動は急激に上がり、ますますお金が流れてくるようになるのです。

「払えるワタシはすごい人！」
――開運言葉を言って、お金の流れをよくしよう！

不安を感じてしまうときには、
意識的に「自分の波動」を上げる言葉を
口にしてみましょう。

宇宙のお知らせ

周りに豊かな人が現れたら、「私も豊かになるシグナル」と考える

あなたの友人や知人で、「臨時収入」が入ってきたり、収入がグン！　とアップした人が出てくることがあります。この「周りに豊かになった人が出現すること」には意味があるのです。それは**「あなたももうすぐそうなりますよ！」。宇宙はあなたに「あなたももうすぐ豊かになりますよ」っていうことを知らせたい**んです。

ちなみに、これは「仕事のこと」でも言えます。あなたの近くに独立した人が増えてきたら、「あなたももうすぐそうなりますよ！」。あなたの近くに「本

を出した人」が増えてきたら、「あなたもうすぐそうなりますよ！」。あなたの周りで「なにかで成功した人」が出てきたら、「あなたもうすぐそうなりますよ！」っていうことなのです。

ところがこの法則を知らないと、先に豊かになったり、成功した人がうらやましくてたまらなくなって、毒を吐いたり、悪口を言ったりします。「クソッ！　なんであいつだけいい思いするんだよ」「あいつよりオレのほうががんばっているのに……」「なんだか自分だけ置いていかれたみたい……」「成功だけが幸せじゃない！」「お金なんて持ったって、ろくなことにならない！」。そんな感じで「豊かさ」や「成功」に抵抗を示す人がいます。これを**「すっぱいぶどうの法則」**といいます。

イソップ寓話《ぐうわ》に「すっぱいぶどう」という話があります。ある日、キツネは森の中を歩いていると「おいしそうなぶどう」を見つけます。キツネはぶどうが食べたくて背伸びをしたり、ジャンプしたりしてとろうとするのですが、どうしても届かない。キツネはそれが悔《くや》しくて「どうせ、このぶどうはすっぱくてまずいに決まっているさ」と、食べられなかったことを正当化します。この「すっぱいぶどうの法則」は「お金のこと」にも言えるのです。**「ふん、お金なんか入ってきても、ろくなことにはならないさ」と「負け惜しみのキツネ」をやっているかぎり「豊かさ」は絶対に手に入らない**のです。

「負け惜しみ」を宇宙に発信していると、宇宙はこう判断します。「この人に『あなたももうすぐそうなりますよ！』って、豊かさと成功を準備してきたけれど、それは余計なお世話だったのかもしれない。この人のポリシーに反するようだから、豊かさと成功は他の人にあげよう」。そうやって、宇宙からの「恵みの雨」は、その人をスルーして、他の人のところに降りそそいでしまいます。

ですから、あなたの近くで豊かになったり成功した人が出てきたら、あなたはただこう思っていてください。**「もうすぐ私もそうなるんだな」。それが宇宙からの「恵みの雨」をぞんぶんに受け取るコツ**なのです。

「負け惜しみ」を発信するより、素直な気持ちで感謝を発信する。

悪口や負け惜しみを言うのではなく、
「もうすぐ私もそうなるんだな」と楽しみにしましょう。

関心と感謝

お金に対して興味や好奇心、感謝を持ち続ける

この世には、**「自分が興味を持ったことが集まってくる！」**という不思議な法則があります。これがいわゆる**「引き寄せの法則」**です。このことを「お金」に関連づけて考えたときに、「あっ！」と思うことがありました。

私の知人で本当に「いい人」がいるんです。自分の仕事に対して一生懸命で、どんな人にも愛をもって丁寧に接している人なのです。ところが、ただひとつ、お金に興味がないんです。「興味がない」というか「興味を持つことをいけないと思っている」と言ったらいいでしょうか。だから会話の中でも「お

金の話」は絶対にしないし、「お金のことは人にまかせっきりなの。私はぜんぜん、わからないから……」というスタンスなのです。

実はこの知人は「お金が入ってこなくて困ること」はありませんが、収入はいつも「食べていける程度」で「ギリギリ路線」です。「なぜ、こんなにすばらしい活動をしているのにもっと豊かにならないんだろう？」と思っていたのですが、その理由がやっとわかりました。**「お金に対して興味や好奇心がない人のところに、お金は集まらない」**。とてもシンプルな理由だったのです。

例えば「以前は貧しい暮らしをしていたのに『お金の法則』を学んで実践したら、みるみる豊かになった人」の話を聞いたときに、あなたはどんなふうに思いますか？「そんなのはただの夢物語だ」「どうせ私はそんなふうになれるはずがない……」。その話に興味を持ったり「そこから学ぼう」という気持ちよりも、「そんなの関係ない！」っていう気持ちが強い人はそこで終わってしまいます。芸人の小島《こじま》よしおさんの「そんなの関係ねぇ！」っていうギャグがありましたが、**「お金持ち？　そんなの関係ねぇ！」**って言っている人のところに、**お金は絶対に集まっていかない**のです。「いつも豊かでお金がある人ってどんな人なんだろう？」「どういう考えでいたらお金に愛されるんだろう？」「いまの私にもできることってきっとあるんじゃないかしら？」。そんなふうに好奇心や「学びの心」が強ければ強いほど、「お金持ちになるチャンス」が訪れたり、「収益を増やすヒント」が見つかるのです。

例えばあなたに「愛する人」がいたら、その人に興味を持っていることを伝えたり、好意があることをアピールしますよね。「お金」もそれと同じなんです。**「お金と相思相愛になりたい！」と思ったら、お金に対して興味を持ったり、お金に好意があることをアピールしていると、その情報はすぐに宇宙に届いて、お金があなたのところに集まってくる**のです。お金の話を避けたり「私はぜんぜんお金のことはわからないの……」と言うことは、「お金を愛していない人だ！」と宇宙は認識するのです。

お金に対して、いつも興味と好奇心を持っていよう！

好奇心や学びの心が強ければ強いほど、「お金持ちになるチャンス」が訪れたり、「収益を増やすヒント」が見つかります。

通過儀礼

「逆境」の経験を前向きにとらえ、感謝を忘れない

いままで私はたくさんの「幸せなお金持ち」「成功者」と呼ばれる人を取材してきましたが、その多くの人が「逆境」（人生の「どん底」とか「苦しい時代」）を体験しています。例えば、小さいころ、自分の家が貧乏で、電気も水道も止められてしまって「公園の水」を飲んでおなかをふくらませていた……とか。家庭に複雑な事情があってご両親と離れて生活してきた……とか。「大きな事故」にあったり、または生死にかかわるような病気をしたとか……。そのような「逆境時代」を乗り越えてきている人が多かったのです。

共通しているのは「自分はあの出来事（逆境）があったから強くなれた！」とか、「自分はあの出来事（逆境）を乗り越えたことで魂《たましい》がすごく成長した！」とか、「いま自分が豊かになれたのは、あの逆境があったおかげなんだ」というふうに、**自分に起きた逆境を肯定的にとらえて、逆境に感謝をしている人が多い**のです。それも強がっているふうでもなく「心からそう思っているんだ」とさわやかに語るのです。

そんな成功者たちを取材するたびに、**「ひょっとしたら逆境っていうのは、幸せな成功をするための『通過儀礼』（必ず通る道）なのかもしれない」**と思うようになりました。私自身も20代のときに大きな病気をした経験がありました。長い療養生活や手術も経験していますが、その経験をしたことで「心の世界」や「宇宙の法則」に興味を持つようになり、いまの「エッセイスト」という仕事につながっているように思うのです。

「逆境」を乗り越えた人というのは、「不安に打ち勝つパワー」や「知恵」がいやがおうにも高まっていきます。

自分なりに、「ああ、こうやって考えたら『不安』や『あせり』がなくなるなあ……」という感覚をしっかりと持っているので、「不安」や「あせり」が湧いてきても、自分で心を仕切り直し、なるべく早く「安定した波動」に戻ることができるのです。

「お金」は「安定した波動」を出している人が好きです。なにかトラブルやハプニングが起きても、心の軌道修正をして「安定した波動」を出そうとしている人のところに集まっていく傾向があります。ですから結果的に、**逆境を乗り越え、心の軌道修正のしかたを持っている人にお金が流れやすくなる**のです。

ひょっとしたら、**「不安に打ち勝つ強い心」を学ぶために、神様が「逆境」というものを与えてくださっているのかもしれません。**「幸せなお金持ち」と呼ばれる人のほとんどは、はかりしれないほどたくさんのピンチやトラブルを経験し、その中から「不安に打ち勝つ強い心」を養ってきたのです。

「逆境」とは、「不安に打ち勝つ強い心」を学ぶためのチャンス。

どんなことが起きても、「『お金の流れ』をよくするためのチャンスとしてやってきた逆境だ！」と思うようにしよう！

第2章

「豊かで幸せなお金持ち」が絶対にしない10のこと

お金の流れ

「お金を受け取ること」に罪悪感を持たない

お正月の「お年玉」やなにかのお祝いで、親せきの子どもにお金をあげることってありますよね？　子どもってお金をあげると、パーッとみるみる笑顔になって「ありがとう！」って言いながら嬉《うれ》しそうに受け取ります。実は「サプライズでお金をもらうと嬉しい！」という気持ちがあるのは、子どもだけじゃなく、大人であっても同じこと。**「誰でもお金をもらうと嬉しいようにできている」……それが人間のお金に対する「真理」なのです。**

ところがその気持ちに矛盾《むじゅん》して、大人になると「お金を受け取ることに罪悪

感がある」という人が多々いるのです。例えば……、

●人のお手伝いをして「ほんの気持ちです」と謝礼をもらったとき、「いえいえ、そんなつもりでやったんじゃないんですから」と頑《かたく》なに受け取らない
●なにか商売をしていても、「あの人は友だちだから、お金を払わせるのは申し訳ない」とお金を受け取らない
●なにかを人から頼まれて買ってきたとき、「これ、おいくらでしたか？」と聞かれても「お金はいいですよ」と言ってしまう

……これらは「美徳だ」と思ってやっている人もいるでしょう。「ガツガツしていると思われたくない」「いい人に見られたい」「いつもお世話になっているからおごってあげたい」という気持ちがある人もいるでしょう。

いま経済状況が豊かで、お金に対して余裕があるときは、自分を豊かにしてくれたご恩を社会に還元することも大切です。自分のそばにいる年下の人たちに、「お金はいいですよ」「今日はご馳走《ちそう》するからね」とお金を**お福わけ**するこ

とが「お金をきれいに流してお金にますます愛される」ということにもつながります。しかし、**「いまは豊かさに向かっている途中」**だったり**「経済状況が苦しい」というときは、誰かからお金をもらったら「ありがたく気持ちよく受け取る練習をしている」と思ってください。**

「もっとお金がほしい！」と思っているのに「実際にお金を出されると受け取ることがニガテ」という人は、お金に対して「あまり多くは持たないほうがいい！」「ラクにもらってはいけないもの」というイメージがあるのだと思います。それはまだ「お金のメンタルブロック」から自由になれていないということ。それが**無意識にあなたの「お金の川」をせきとめている**のです。

「幸せなお金持ち」は、お金に対する罪悪感を持っていませんから、お金を受け取るときは、少額だろうと高額だろうと、感謝を込めてありがたくお迎えします。そして、そのお金をムダにではなく「生き金」として使おうと考えます。その前向きであたたかい波動が、お金の神様は大好きなのです。

誰かからお金をもらったら、「ありがたく受け取る練習をしている」と思おう！

お金は川のように流れゆくもの。
せきとめるのではなく、感謝して
気持ちよく受け取りましょう。

モノを大切に

イライラしたり、怒ったときに、モノにあたったりしない

イライラしたり、怒ったりすると「モノにあたる人」っているものです。椅《い》子《す》をけっとばしたり、テーブルをひっくりかえしたり。カベをドンッ！　となぐって穴をあけてしまった……なんていう人もいるかもしれません。

モノにあたるとモノが壊れたりするだけで済んだように見えますが、実は**「モノにあたる人のこと」を「お金さん」はしっかり見ています。**なぜなら、人がけっとばした椅子からは「痛い、痛い、やめて！」という「ＳＯＳ波動」が出ています。それは「モノ同士」にわかる言葉みたいなものです。**「お金さ**

ん」は、この「モノのＳＯＳ波動」が誰よりもよくわかるのです。

そして、「モノにあたる人」（モノをいじめる人）のところからは、いち早く逃げようとするのです。なぜなら、自分もそんなふうに「痛い目」にあいたくないし、そんな人に自分のことを使ってもらいたくないから。**「モノをいじめるような人は、愛のあるお金の使い方はしない」ということが「お金さん」にはちゃんとわかっている**のです。

もし「モノにあたるクセ」があるのなら、「幸せなお金持ち」になることは不可能だと思った方がいいでしょう。その反対に「モノを大切に扱う人」には、「幸せなお金持ち」への階段をのぼるチャンスが何度も来ると思ってください。

「幸せなお金持ち」はモノを大切にします。ふだんから上質なモノやブランド品も身につけていますが、「１００円ショップ」や「ユニクロ」や「しまむら」などの量販店のモノも愛用していたりします。自分の「持ち物」を値段の高い、安いにかかわらず大切にしています。例えば、いつも着ているお気に入りのカーディガンなどをちょっとなにかにひっかけて穴を開けてしまったりしたら、丁寧につくろってまた大切に着ています。ある実業家の女性は、セーターの胸に開いた穴をつくろうときに、アップリケのように星型の模様に刺繍《ししゅう》して「これでオリジナルのセーターになった！」と大喜びで着ていました。

　また、ある「幸せなお金持ち」と呼ばれる人を取材していたとき、その人はカフェの椅子にカーディガンをかけていたのですが、いつのまにかそのカーディガンが地面にハラリと落ちていたことがありました。その人は地面に落ちていたカーディガンに気付くと、あわてて拾いあげて手でなでながら「ああ、かわいそうなことをしちゃったね。これからもっと大切にするからね」と声をかけながらホコリをやさしく払っていたのです。「この人は1枚のカーディガンに対してもこんなに愛をそそいで接するんだな。だから、**お金さんもこの人のところだったら大切にしてくれる……と集まってくるのではないかしら**」。私はその光景を見ながらそう思ったものです。

持ちモノは、精いっぱいの感謝と愛をこめて大切に扱おう!

値段の高い、安いにかかわらず、壊れたらできるだけ修理して、長く愛用しましょう。

買い物と波動

「値札を見ないでモノを買う」は、絶対にしない

よく「お金がたくさん入ってきたら、値札を見ないで好きな洋服とかバッグを好きなだけ買いたいわ〜！」と言う人がいます。この考え方は要注意です。

この世には、「一時的にお金が入ってくる人」と「長くお金が入り続ける人」がいます。**「長くお金が入り続ける人」は人としてきちんとしていて、「お金に対する考え方」に「ゆるみ」や「ムダ」がありません。**買い物をするときも、「とりあえず買っておく」「いくらだかわからないけれど、とりあえずもらいます」……そういうことをしないのです。

お金には「意志」があります。お金さんが何度も何度もその人のところに行きたいと思うのは、**「お金にも人にもきちんとしている人」「経済観念のしっかりした人」**……、そういう人が長く愛されるのです。ではここで、「お金に愛される人」が買い物の際に大切にしていることをご紹介しておきますね。

①「必ず値札（値段）を確認して」から買う

例えばニットを買うときも、「あ、ここのお店ではカシミアのセーターが1枚5000円なんだ。他のショップの半額ぐらいの値段で手に入るんだな」というように「モノの値段」を把握しておくことがあなたの経済観念をしっかり育てるのです。

②「お値段以上に見えるモノ」を買う

例えば新しいカーディガンを買うとき、2900円ぐらいのカーディガンなのに、しっかりした素材でステキなデザインで、実際には「6000円ぐらいのカーディガン」に見えるモノを見つけたとしますよね。その場合、あなたは「3100円のおトク」をしたことになります。このように「お値段以上に見えるモノを選ぶ！」という**「目利《めき》きの感覚を磨くこと」が大事**なのです。

③「ときめくモノ」を買う

自分がそれを見ているとワクワクするモノ。それが家にあるだけでゴキゲンで毎日が過ごせるモノ。そういうモノは**「あなたの波動を上げてくれるモノ」**です。あなたにとってのラッキーアイテム。多少、お値段が高かったとしても「毎日のときめき代」を考えると惜しくはありません。あなたの心をアゲてくれるモノを買うことは「生き金を使う」と言い、払った代金以上のものがあなたのところに帰ってきます。「上手《じょうず》に買い物ができる人」はお金に愛されて、その人のところにますますお金が集まるようになるのです。

「お金さん」に愛される
買い物のポイントは――
①「必ず値札を確認してから買う」
②「お値段以上に見えるモノを買う」
③「ときめくモノを買う」

「お金にも人にもきちんとしている人」が
「お金さん」に愛される人なのです。

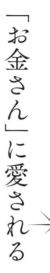

知恵

収益が出る前には、身《み》の丈《たけ》以上のお金を出さない

いまからする話は「胸がちくっと痛い話」でもあります。でも、みなさんに大切な「お金のルール」を伝えたいのであえてお話しします。

私の知人で一生懸命自分の夢を追いかけていた女性がいました。その人の夢は「自分の作ったアクセサリーで成功すること」。彼女は学生のとき、海外でアクセサリー作りの技術を学んできたそうで、可愛《かわい》いブレスレットやピアスを作っては「これ新作なの！」と見せてくれました。私も彼女のアクセサリーを買ったことがありますが、絵本の中から抜け出したような繊細で独特なデザイ

ンで、彼女の才能と工夫がつまっていました。彼女は自分のお店を出すために日々コツコツと貯金をしていました。

その数年後、彼女の夢が実現するときがやってきたのです。彼女がお店を出したいと希望していた街に「空き店舗」が出たので、彼女は「チャンスだ！」とばかりにお店を出す準備を始めました。

しかし、みなさんにお伝えしたいのはここからなんです。彼女は「せっかく自分のお店を出すんだから、店舗の内装もオシャレにしてこだわりたい！」と思ったのです。そして、アクセサリーを並べる台やお店に置く家具なども「仕事にかけるお金なんだから、ちょっと贅沢《ぜいたく》してもいいものをそろえたほうがいいだろう」と高価なものを買いそろえ、いままでの貯金のほとんど使ってしまったのです。

彼女が思い描いたとおりの「オシャレな店舗」は完成しました。しかし、お店がスタートする時点で、彼女の貯金はほとんど残っていなかったのです。彼女はお客さんを呼びこむことに必死で取り組みました。チラシやホームページを作って宣伝をしました。しかし、最初から多くのお客さんがやってくるとは限りません。お店がスタートしてから半年ほどで店舗代が払えなくなり、彼女は泣く泣くお店をたたむことになったのです。

実は、**商売を始めるときは「出金《できん》」をいかに削《けず》るかが勝負になる**のです。商売で一番大切なことは「収益（もうけ）」を出すことです。**「収益」を出す前に、お店の内装や仕事道具にお金をかけてしまうと、その商売には最初から「マイナスの波動」がついてしまう**のです。**「うんとお金を使わなければ収益が出ない」というサイクルになってしまう**のです。

お店を始めるときは「できるだけお金をかけないで始める」。例えばアクセサリーを飾る台は、誰かからもらってきたり、ホームセンターで板や布を買ってきて自分で作ってもいい。要は**「お金を出さずに知恵を出す」**。商売で「収益が出る前にお金を出すこと」は一番やってはいけないことなのです。

商売を始めるときは、「お金を出さずに知恵を出す」。

最初からマイナスの波動がついてしまうと
「うんとお金を使わなければ収益が出ない」
というサイクルになってしまいます。

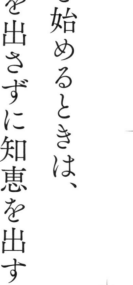

選ぶ

「ムダなモノ」は、徹底して買わない

冷蔵庫やクローゼットの中を整理しているときに、「あっ、あれが足りないな。こんどスーパーに行ったら買い足そう！」って気が付くことがあります。私はそういうふうに「こんど買うべきモノ」を思いついたら、スケジュール帳にメモしておきます。そして買い物に行ったときには**「必要なモノだけ」**を買うようにしているのです。そうしないと、たまたま洋服がＳＡＬＥになっているのを見つけると、「あら、安いじゃない」と思って似たような服を何着も買ってしまうことがあるのです。また、スーパーに行ってアイスクリームの新商品を見つけると、冷凍庫の中にアイスがあるのについつい買ってしまったり……。そうやって「ムダ買い」をしてしまうからなのです。

この「ムダ買い」は、お金の流れをよくするためにも気を付けたい習慣です。こんな話を聞きました。**「幸せなお金持ち」と呼ばれる人をたくさん取材して、彼らの生活習慣がいわゆる「ふつうの人」とどこが違うのかを研究した人がいた**そうです。その人はいろいろな発見をしたのですが、そのひとつに**「ムダなモノは徹底して買わない」**というルールがあることを知ったのです。

「ムダなモノは買わない」。

そんなのあたりまえだと思うでしょう？ しかし、それがわかっていても、なんとなく雰囲気で「ムダなモノ」を買ってしまうことってあるものです。例えば「100円ショップ」や「激安ショップ」に行ったとき。スーパーのタイムセール中にお買い得な商品があったとき。洋服屋さんでバーゲンをやっていたとき。「そんなに必要じゃないけれど、いつか使うかもしれないし買っておこうかな……」というふうに、お財布《さいふ》を開いてしまうことってありますよね？

ところが「幸せなお金持ち」はそういうことを絶対にしないのです。例えば、もし前髪を止めるクリップがひとつだけ必要だったら、１００円ショップに行って、クリップをひとつだけ買ってくる。「クリップをひとつだけ買うなんて恥ずかしいから……」とムダなものを買うことは絶対にしません。その習慣は、食べ物でも着るものでも仕事の道具でも徹底しているのです。

なぜかというと「ムダなモノ」（使わないモノ・食べきれないモノ）からは「ムダな波動」というものが出ているから。「ムダな波動」が家の中に充満すると、その家に住んでいる人は「ムダ使いをしないと生活していけない」という波動になってしまうのです。

「ムダなものは徹底して買わない。本当に必要なモノだけを買う」。シンプルだけど金運を上げる基本的なルールです。本当に必要なモノだけを選び抜いて買うようになったとき、あなたの金運は飛躍的に上がっていくのです。

「必要なモノだけ」を選び抜いて買うようにしよう！

「ムダなモノ」は「ムダな波動」を引き寄せます。
金運を上げるためにこの「ムダ」を省きましょう。

開運言葉

あせる気持ちが湧いてきたときこそ、「あせらない」

「最近、収入が下がっているなあ……」「なんだか売り上げが上がらないぞ……」。そんなふうに「お金の川」の流れが悪くなっているときってあるものです。あなたの「お金の川」をせきとめているのは、あなたの中から湧き出てくる「ある想い」が関係しています。それは**「あせる気持ち」**。仕事でミスをしたりつまずいたとき、一生懸命やっているのにお客さんがぜんぜん来ないとき、仕事の契約を打ち切られてしまったとき、「わあ、これからどうしよう……」って「あせる気持ち」を感じたりしますよね。でも、**この「あせる気持**

ち」こそ、あなたの「お金の流れ」をますます悪くして悪循環にハマってしまう原因のです。

「お金」にまつわる格言に、「貧《ひん》すれば鈍《どん》する」という言葉があるんですね。これは「お金がなくなってくると、いつもはしないようなバカなことをしてしまう（誤った判断をしてしまう）」っていう意味なんです。

たとえば「あせり」があると、街を歩いているときも、誰かとちょっと肩がぶつかっただけでイライラします。それから友人が「新しいバッグ」を持っていたり、「新しい洋服」を着ているのを見ると、うらやましくてたまらなくなり、「お金がある人はいいなあ……」と皮肉のひとつも言いたくなります。それからパートナーのちょっとした生活態度が気になって、しなくてもいいケンカをしてしまったり、「売り上げが上がらないのはあなたのせいよ」って仕事仲間と責任のなすりつけあいをしたり……。そうやって「あせり」がある人からは「近寄りがたいトゲトゲしたエネルギー」が出てきます。

この**「近寄りがたいトゲトゲしたエネルギー」**を察して、**「お金さん」はそういう人のところを避けて通るようになってしまう**のです。

もちろん人間ですから「あせりモードになること」って誰にでもありますよね。そんなときに悪循環にハマらないためにも、いったん立ち止まって目をとじて大きく深呼吸してください。そして、

「私はこれからお金の流れを変えていきます！」

という開運言葉を言って（心の中でもＯＫです）、宇宙にあせりを放ち、もういちどお金に愛されることを宣言してほしいのです。

人はあせり始めると、頭がまっしろになり体の機能がストップするようになっています。ふだんだったらスムーズにできることもできなくなってしまう。そんな自分にますますあせって、冷静な判断ができなくなってしまうのです。

お金が好んで飛んでいくのは心に「あせり」のない、ゆったりとした余裕がある波動を放っている人なのです。

「私はこれからお金の流れを変えていきます！」
――開運言葉で悪循環にハマらないようにしよう。

あせりそうになったら、まず大きく深呼吸。
そんなときこそ開運言葉で心を落ち着かせましょう。

良い言葉

「お金の悪口」を絶対に言わない

よく、こういう言い方をする人はいませんか？

「お金より仲間の方が大切だ」「お金はいらないから好きな仕事がしたい」。この言い方っていいっけん「お金にこだわっていない熱い人」っていう感じがします。こういう言葉を好んで使っている人も「これが自分の美学なんだよ」っていう感じが含まれています。

ところがこういう言い方をしていると、**お金がなぜかその人のところから去っていくようになります。「お金の流れ」がその人のところを避けて通るよう**

になってしまうのです。

なんでも、お金と「他のもの」を比べて言う人がいます。「お金はいらないから」とお金のことを後回しにするような言い方をする人もいます。でも、それは「お金さん」にとって、とても失礼な行為です。なぜなら、お金に対する「悪口」になるからです。**「仲間も大事、お金も大事。どちらもとっても大事にしよう」「好きな仕事をしながら、豊かで幸せになろう」。……そういうふうに、お金のことを大切に話す人のところにお金が流れる**のです。

いままで私が出逢《であ》ってきた人の中で「この人は本当にいい人なのに、どうしてお金のことでいつも困っているんだろう?」と思う人がいました。そういう人は必ず「お金の悪口」を言っているのです。

例えば「お金の悪口」ってこんな言葉です。

●「世の中、お金じゃないと思っているの」

●「お金よりも、もっと大事なことってあるのよね」

●「お金が余分にあると、犯罪やトラブルが起こるのよ」

●「お金なんか、ちょっとしかなくても幸せになれる」

●「お金はカンタンにもらっちゃいけない」

●「お金は苦労して得るものだ」

●「うちは代々貧乏だから、私もきっとそうなる」

●「私なんて、なんにもできないから、お金なんてもらえません」

●「お金より○○（仲間、家族、健康など）が大事」

●「好きなことができるのなら、お金はいらない」

●「たくさんお金を持つとねたまれる」

●「私、貧乏だからさあ……」

実は、私もお金に困っていた時代があります。そのとき、まさにこういう言葉を悪気なく言っていました。あなたも「お金の悪口」を言っていないか、もういちどふだんの口グセをチェックしてみましょう。

お金のことを大切に話す人のところに、お金は流れる。

「お金の悪口」を言っていないか、
自分の口グセをチェックしてみましょう。

生き金と死に金

「スムーズに買えないとき」には、そのメッセージの意味を聞き逃さない

あなたは買い物をしようとするときに「あれ、なんだか、うまくいかないな……」と思うことはありませんか？

例えば、深夜にやっている通販番組を見ていて、ダイエットグッズの紹介がされていたとします。「このダイエットグッズ、絶対ほし〜い！」と思ってカードで支払おうとするのですが、カードの入っているお財布がなぜかどこにも見あたらない。それで、結局、ダイエットグッズを買うのはあきらめたのですが、次の朝、お財布はベッドの下からちゃっかり出てきた……。こういうふう

に**「スムーズに買えないとき」は、実はあなたを守っている「守護霊様」からの「それは買ってもどうせ使いませんよ……」「お金をムダにするだけですよ……」というメッセージ**なのです。

ちなみに「夜中でもすぐ買い物ができる」というのは、世界の中でも日本だけ。近所には24時間営業しているコンビニがあるし、テレビでは深夜にショッピングの番組がやっているし、ネットショップでは夜中でも明け方でも、いつでも買い物ができます。

「本当に必要なモノ」をじっくり選んで買うときはいいのですが、夜中は日中のストレスから「なんだかむしゃくしゃするから、パーッとお金を使いたい」「このモヤモヤを、お金を使うことで晴らしたい！」という感情が生まれることが多々あります。

欧米の人は「なぜ夜中に買い物をしなければいけないの？」「モノがなければ、工夫してそのときをやり過ごす」という人が多いと聞きます。日本は世界

一、便利に買い物ができる国でもありますが、その一方で「ムダづかいをしていないか」とよく見直さないと誘惑がとても多い国でもあるのです。

お金の使い方には「生き金」「死に金」のふたつがあります。

「生き金」は「これを買ってよかった！」と何度も喜びをかみしめるモノを買ったときに使ったお金のこと。「生き金」を使うと、お金はその人のところに何倍にもなって帰ってくるし、ツキや幸せもますます増えていきます。その反対に「死に金」というのは「衝動買いしたけれど、結局、あまり使わないモノ」を買ったお金のことをさします。

「死に金」をできるかぎり減らして「生き金」を増やしていくこと。

これが「幸せなお金持ち」になるために、もっとも大切なお金の使い方です。あなたがなにかを買おうとしているとき、なんらかの理由で「スムーズにいかない」というときは、あなたの守護霊様が「死に金」になるのを知っていて、ブロックしてくれているのかもしれません。

「死に金」をできるかぎり減らして、「生き金」を増やしていくことが大切。

買い物がスムーズにいかないときは、「生き金」になるか、「死に金」になるかをちゃんと考えるチャンスです。

生の根本

幸せなお金持ちほど、「トイレ掃除」をイヤがらない

ある外国の大富豪が自分のポケットマネーを使い、「お金にまつわる興味深い調査」を行ったそうです。それは**「貧乏人が必ずお金持ちになる方法はあるか？」**。それから**「お金持ちが、ずっとお金持ちでいられる方法はあるか？」**。

この「ふたつのこと」を徹底的に調べたそうです。そして「あるひとつの共通点」が見つかったそうです。

それは**「生まれが貧乏であったか、お金持ちであったかにかかわらず、ずっとお金持ちで豊かに暮らしている人は、トイレをとても清潔に保ち、使わない**

ときはフタをしめている」。このような結論が見つかったのです。

私が取材してきた成功者や大富豪たちも、そのほとんどが「トイレ掃除の大切さ」を知っていました。「トイレ掃除」を続けていると、不思議と「お金」や「ツキ」がとぎれることなく運ばれてくると多くの人が言っていたのです。

実は**「お金の流れ」を滞《とどこお》らせるものに、自分の心の中にある「我（エゴ）」があります。**「我（エゴ）」が出てくると、「こういう下の仕事はもう私がやることじゃない」とか、「あの人のこういうところが気にくわない」とか、いわゆる「上から目線」の考え方や自分勝手な決め付けやワガママが多く出るようになります。そうやって「我（エゴ）」を出すようになると「お金のエネルギー」がサラサラと流れなくなるのです。ところが「トイレ掃除」をしていると、自然と「我（エゴ）」を流してくれるのですね。

トイレの状態は、心とお金のバロメーターです。「トイレって汚《きたな》いからさわりたくない！」と思っている人は、人に対しても「偏見《へんけん》」が出てきます。例えば、高速道路のトイレを掃除してくださっている人に対して、「さっさと掃除して！　ジャマなんだよ」とか「私、トイレ掃除みたいな仕事だけはしたくない」とか、「偏見から出た発言」を平気でするようになります。

「おしっこやウンチ」といった排泄《はいせつ》をしないと、人間は生きていけません。**生きていくのに欠かせない「大切な場所」がトイレ**なのです。

幸せなお金持ちは「トイレの大切さ」を身に染《し》みてわかっています。トイレを掃除してくださっている人にも「ああ、ありがたい！　この人がいらっしゃるから、いつもトイレがキレイに保てているんだ……」と敬意をもって接するのです。だから掃除をしてくださっている人に「いつもありがとうございます」とにこやかに挨拶《あいさつ》ができるのです。

誰に対しても敬意をもって接している人は、なにをやってもうまくいくし、お金からも愛されます。**お金は「トイレを大切にする人」が好きなのです。**この世にはそういう見えない法則（ルール）があることを覚えておいてください。

トイレは、生きていく上で
根本的で大切な場所。
その大切さを忘れない人を、
お金も愛してくれるのです。

自宅のトイレをいつもキレイにしておくこと。
そして外出先のトイレも
できる範囲でキレイにしてみましょう。

感謝を伝える

なにごとも「あたりまえ」と思わない

いま、あなたに「お金を運んできてくれる人」は誰でしょうか？　会社員の人は「社長さん」や「上司」からお金をもらっています。商売をやっている人だったら「お客さん」からお金をもらっています。専業主婦だったら「ダンナさま」がお給料を入れてくれているでしょう。

この**「自分にお金を運んできてくれる人」に対して、「感謝の気持ち」をことあるごとに伝えましょう。**実はそのことがあなたの「お金の流れ」をグン！とよくするのです。

例えば、社長や上司に「私、すばらしい職場で働かせていただいて本当に感謝しているんですよ」と伝える。お客さんには「いつも、うちに来てくださってありがとうございます！」と伝える。ダンナさまには「私や子どもが元気で楽しく生活できるのは、あなたが働いてお給料を入れてくれるおかげよ。いつもありがとうね」と伝える。

そうやって相手に面と向かって言うのはちょっぴり「テレる」かもしれません。恥ずかしがり屋さんでどうしても口に出して言えない場合は、一筆箋《いっぴつせん》（ちょっとしたひとことを添える小さい便箋）に感謝の言葉を書いたり、メールとかライン、フェイスブックのメッセージなどを活用してもいいと思います。

人は誰かに感謝されると、無意識のうちに「この人にもっとお金を運んであげたい」と思うものです。また**「お金の神様」も「ことあるごとに感謝する人」が好き**なんです。

ちなみに**「感謝すること」の反対は「あたりまえ」という思い**です。「働いているんだから、お給料もらってあたりまえじゃない！」。「お客さんが来るのはあたりまえ」。「ダンナが給料を家に入れるのはあたりまえでしょう」。この**「あたりまえ」という感情が生まれると、お金もツキも逃《のが》してしまいます。**

ちなみにこんなエピソードがありました。私の知り合いで専業主婦の人がいたんですが、その人のダンナさんは本当に一生懸命、働いていたんです。ところが奥さんの方は「ダンナが給料を入れるのはあたりまえだ！」と思っていて、ダンナさんをねぎらおうともしません。疲れてへとへとになって帰ってきたダンナさんに対して「あんたは安月給だから大変よ！」なんていうふうに文句を言ったりする。そのうち、ダンナさんは他に「やさしい女性」を見つけてその人のところに通うようになり、彼女に離婚を切り出しました。

「あたりまえ」という感情を持ち始めると「お金」も「愛情」も失うことになりかねません。「お金の教え」を学んでいると、結局は**「感謝の多い人」のところにお金が集まるようになっている**ことがよくわかります。

あなたに「お金を運んできてくれる人」に「感謝の気持ち」をテレずに伝えよう！

「お金」も「いい人」「いいこと」も、
感謝の多い人のところに
集まるようになっているのです。

第3章

もっと「お金に愛される」ためにできる毎日の習慣

金運
アイテム

お金が増える「通帳記入の魔法」

昨日、私は用事があって銀行に行ってきたのですが、そのときに大切なことを思い出しました。「お金の川」の流れをよくするコツのひとつに**「通帳記入の魔法」**というのがあるのです。

最近、お金を下ろしたり、振り込みをしたりするときは、「キャッシュカード」だけを使う人が増えています。「キャッシュカード」はお財布《さいふ》に入れておくのも便利ですし、使うときもさっと使えて、時間短縮にもなります。

しかし実は**「貯金通帳」というのは、お金を引き寄せる強力なパワーがある**

金運アイテムなのです。私が以前取材した「幸せなお金持ち」の中で、**「カード は忘れても、貯金通帳は常にバッグに入れて持ち歩いている」**という方がいらっしゃいました。そして時間があったら、まるで文庫本を取り出して読むように、貯金通帳を開いて眺《なが》めるそうです。

またその人は「銀行（ＡＴＭ）に頻繁《ひんぱん》に行く」と言っていました。「通帳記入」をすることが趣味なのだそうです。通帳に「入金」や「引き落とし」を記入していくときに、機械が「ジーッ、ジーッ、ジーッ……」と音を立てますが、あの音を聞きながら**「いま宇宙銀行で、お金の川が、太く、大きくなるような基礎工事がなされている」**というシーンを想像するそうです。そうするとワクワクしてきて、仕事へのやる気やパワーがどんどん湧《わ》いてくるということでした。

「貯金通帳」というのはたしかに「豊かさを呼ぶキーアイテム」になりますので、できるだけバッグに入れて持ち歩くようにするとよいでしょう。そのときに大切なのは**「絶対に通帳が折れ曲がらないようにすること」**。いまは「通帳を入れておくケース」や「通帳専用のポーチ」が売っています。本革でできているものや、オシャレなクラッチバッグ（手に持つポーチ型のバッグ）のようなものもありますので、あなたのお気に入りの「通帳のおうち」を見つけてあげてください。ちなみに貯金通帳に限らず、「銀行印」や「振込用紙」など、「お金にまつわるもの」はすべてキレイなケースやポーチに入れて保管し、持ち歩くときも丁寧《ていねい》に扱いましょう。「お金にまつわるもの」を乱雑に扱ったり、バッグにごちゃごちゃにして入れておかないことが金運をアップするコツです。

そして、こまめに銀行やATMに行って「通帳記入」をしましょう。機械の「ジーッ、ジーッ、ジーッ、ジーッ……」の音を聞きながら、「いま宇宙銀行で、お金の川が、太く、大きくなるような基礎工事がなされている！」というシーンを想像してみてください。

貯金通帳はケースに入れて持ち歩き、こまめに眺めたり、「通帳記入」をするようにする。

「貯金通帳」は、お金を引き寄せる強力な金運アイテム。肌身離さず、丁寧に扱いましょう。

礼を尽くす

お財布の中の「お札の向き」をきっちりとそろえる

私は編集者時代、成功者や大富豪の方を取材してきたのですが、何人かの方に実際に使っているお財布を見せてもらったことがあります。お財布の中に100万円ほど入れて持ち歩いている人もいましたが、その**「お札の向き」はすべてきっちりそろっていました。**

お札の向きに関しては「肖像画の頭を上にしてそろえたほうがいい」という人と「肖像画の頭を下に向けてそろえたほうがいい」という人がいます。これにはさまざまな説があります。「肖像画の頭を下にしてそろえると、逆立ちをさせているみたいで落ち着かない……。だから頭を上にしてそろえている」という人もいます。「肖像画の頭を下に向けてそろえたほうが、お金が出ていかない」という人もいます。私自身は「肖像画の頭を上にする」で統一していますが、頭を上にするか下にするかは、その人が「お財布にお札を入れたとき、なんとなく落ち着く感じがする方向」でいいと私は思っています。

大切なのは「お札の向きをそろえること」。

肖像画の頭の向きが、上を向いたり、下を向いたりしたままお財布に入れておくのは、お金に対して失礼な行為です。**「きちんと頭の向きをそろえること」がお金に対して礼を尽くすことになります。** 銀行のATMなどで数万円のお金を下ろしたとき、お札の向きがバラバラになっていることがあります。お札の向きをチェックして、きちんとそろえて入れなおしてあげましょう。

よく言われることですが、お金にとってお財布は「おうち」のようなもの。住みやすくて居心地のよい「おうち」には、たくさんの人が喜んで集まります。その逆に、きゅうくつで散らかっている「おうち」には、あまり行きたいとは思いません。そう**「お金に愛されたい！」と思ったら、いかにお財布の中を、キレイで居心地のよいものに保つかがとても大切**なのです。

「お札の向きをそろえること」以外ですぐにできる金運アップ法としては、

●レシートや領収書は、一時的にお財布に入れておいてもいいけれど、家に帰ったらこまめに出すこと

●お店のポイントカードなど「お金」に関係ないものは入れないこと（銀行のカードやクレジットカードは入れてもOK）

●お財布は「大切な宝物」のように丁寧に扱うこと

●ときどきお財布をバッグから出して「おつかれさま」「ゆっくり休んでね」といたわってあげること。

今日からあなたのお財布の中を頻繁《ひんぱん》に整理して、お金に愛される「金運財布」にしていきましょう。

お札の向きをそろえ、頻繁に整理して、お金にとって居心地のよいお財布にしよう。

お金が喜んで集まりたくなるようなお財布を心がけましょう。

お試し試験

「落ちている1円玉」があったら拾い上げて、助けてあげる

あなたは**「1円玉を助けると、お金のお父さんがお礼にくる」**という話を知っていますか？　駅の切符を買うところや人ごみの中に「1円玉」が落ちていることってよくあります。そのままにしておくといろいろな人の靴で踏まれてしまい、1円玉が痛い思いをしそうでかわいそう……。そういうときはさっと拾い上げて助けてあげるといいのです。もし1円玉が汚れていたら、ティッシュやハンカチなどでさっと拭《ふ》いて「大変だったね。もう大丈夫だからね」って、やさしく声をかけてあげましょう（心の中で言うのでもOKです）。

1円玉もりっぱな「お金」です。そうやって1円玉を助けていると、そのうちに「お金のお父さん」（壱万円札）が「うちの子を助けてくれてありがとう！」って、たくさんのお友だちを連れて、あなたのお財布をめがけて「お札」に来てくれるようになります。

この「1円玉救助」の話に通じるのですが、実は**「落ちているモノ」は、お金の神様があなたに「お試し試験」をしているの**です。「この人の金運レベルはどのくらいかな？」というふうに試験をするために、あなたの前にモノを落とすのです。

例えば、道端に落ちている「ゴミ」を見つけたとき、誰も拾わないしそのままにしていたとしても、あなたがゴミを拾ってゴミ箱に入れてあげていると、あなたの金運は不思議と飛躍的によくなります。他にも、車に踏まれてぺっちゃんこになっているハンカチやミニタオル、かたほうだけ落ちている手袋、みんなに踏まれて汚《よご》れてしまったぬいぐるみや何かのカードなど、そういったものを見つけたら、まず拾って「踏まれないところ」に避難させてあげましょう。そして「大変だったね。もう大丈夫だからね」って、やさしく声をかけてあげるのです。これをやっていると「踏まれていたモノの恩返し」が「臨時収入」という嬉しいご褒美《ほうび》となってやってくるようになります。

この世には**「困っているモノ（人）に出逢《であ》ったら、できる範囲でいいからそのモノ（人）を助けるような行いをすると、運が貯まる」**という法則がありま す。自分が落としたものでもないモノを助けることは「ちょっぴり勇気がいること」でもありますが、実は「よい行い」をするときに「勇気を出すこと」は付きものなのです。**勇気を出して行動すると、その人からは美しい高い波動が放たれて「運の波に乗っていく」という法則がある**のです。

たとえ誰も見ていなくても、天はあなたの行動をちゃんと見ています。「落ちている1円玉」や「落ちているモノ」を見つけたら、「これは神様からのお試し試験だな！」ということに気づいていてくださいね。

「落ちている1円玉」や「落ちているモノ」はお金の神様からの「お試し試験」。

困っているモノ（人）に出逢ったら、助けるような行いをすると、運が貯まります。

安定した波動

「お金が入り続ける人」は、「あったかい波動」を放っている

「お金が入ってくる人」はふたつのタイプにわけられます。ひとつのタイプは「一時的にお金が入ってくるけれど、いつのまにかお金の流れが滞《とどこお》ってしまい、一時のフィーバーで金運が終わってしまう人」。ふたつめのタイプは「お金の川が常にサラサラと流れていてお金がコンスタントに入り続ける人」。こう聞くと誰だって「ずっとお金が入り続ける人になりたい！」と思うでしょう。

「ずっとお金が入り続ける人」には「ある特徴」があります。それは**「気持ちが安定していて、安心できるあったかい波動を常に放っている人」**なのです。

いままで私が取材してきた「幸せなお金持ち」は、いつ逢っても気持ちがおだやかで落ち着いていました。もちろん彼らにだって心を揺《ゆ》るがすようなトラブルやアクシデントが、突然起こることもあります。そういう緊急事態になったとき、たとえ怒《いか》りやあせりがこみあげてきたとしても、自分の心を軌道修正させて「できるだけ早くおだやかな状態に戻すこと」を心がけているようでした。

なぜなら**「幸せなお金持ち」のマナーに「いつも機嫌よくいること」がありま す。**ちょっとしたことでキレたり、クレームをしつこく言ったり、愚痴《ぐち》や泣き言をずっと言うことは「幸せなお金持ちのマナー」に反するのです。

そして**お金も「いつも気分が安定している人」が好き**なのです。これは「人間関係」に喩《たと》えてみるとわかりやすいでしょう。この先もずっと仲良くするなら「安心できる人と一緒にいたい！」と思いませんか？「安心できる人」っていうのは、気分がいつも安定している人。あなたのことを包み込むように癒《いや》してくれる人。信用のおける人。感謝を忘れない人。あなたが悪気なくミスをしてしまったときに「そういうこともあるよね」って許してくれる人。そういう人のそばにいると、とっても安心できます。実は「お金さん」がずっとそばにいたいと思う人もそういう人なんです。

逆にお金が離れていくのは、こんな人です。

●ちょっとしたことでキレやすい
●いつもイライラしている
●気分が不安定で波がある（気分がコロコロ変わり、そのときの感情で、人にやさしくしたり、怒鳴《どな》ったりする）
●周りに人に感謝を忘れがち
●人のミス（悪気なく失敗してしまったこと）が許せない

「自分は、人にもお金にも安心できる存在なのかな？」と見直してみましょう。そのことに気を付けるようになると、お金はあなたのところにコンスタントに入り続けるようになります。

イヤなことがあっても、できるだけ早く気分を安定させられるように心を軌道修正していく。

「お金さん」が好きな人とは、安定していて、安心させてくれる人なのです。

金運のスイーツ

「幸せなお金持ち」には、「チョコレート好き」が多い

あなたは「チョコレート」は好きですか？　私は大好きです。チョコレートといっても、デパートやチョコレート専門店で売っている「高級チョコレート」は、誰かにプレゼントされたときや、なにかの「ご褒美」として買って、時々いただくくらいです。ふだんはスーパーやコンビニで売っている「ダークチョコレート」をちょっとずつ食べているのですが……。実は**チョコレートには「金運アップ効果」がある**のを知っていますか？

実は、なかなか豊かになれない人は「金毒《きんどく》」というものの影響を受けている

のです。「金毒」とは「お金についてくる悪い気」のことで、ウイルスのように人間にとりついていき、ついた人の「金運」を荒《あ》らしていくのです。しかし、**チョコレートをちょっとだけ食べると「金毒」が流れるという浄化《じょうか》の効果があるのです。**ただしチョコレートの食べ過ぎには注意。「おやつや食後にひとかけら」で大丈夫です。私は朝起きたときに「なんだか頭がボーッとしてやる気が出ない」というときも、チョコをひとかけらいただきます。

そういえば、私が取材してきた「幸せなお金持ち」たちも、なぜかチョコレートが好きでした。「他のスイーツは食べないけれど、チョコだけは、ちょこちょこ食べる（↑シャレでしょうか？　笑）」と言っていた人もいました。また大富豪なのに、コンビニで売っている「アーモンドチョコ」が大好きで、いつもアーモンドチョコの箱を持ち歩いている人もいました。

ある有名な占い師の方が統計をとったところ、**「成功者や運の強い人はチョコレート好きが多い」**という結果が出たといいます。

ちなみにチョコレート以外のスイーツでも、**「食後やおやつにひとくちだけスイーツを食べると金運を呼ぶ！」**と言われています。「おいしいものを食べる」というのは、お金の流れをよくする大切な習慣です。1日3回、できるだけ心を込めて作られたものを食べて、「ああ、おいしかった！」と満足して食事を終える。そして食後に「ほんのひとくち」でもデザートがあると「満足感」が高まりますよね。この**「満足した気持ち」が宇宙に届くたびに、あなたのところにお金が集まりやすくなる**のです。

ダイエットや健康を気にして甘いものを控えている人も、「こんなにガマンしているのに……」ってイライラするときは、「明日の朝、起きたときにあったかいミルクティーとチョコをひとかけら食べよう！」とそれをご褒美に楽しみにするほうが、精神的にもずっとストレスなく過ごせます。甘いものをちょっとだけ楽しむことは、ほっと心を癒して心地よくゆるませる魔法がある！そういう**「心の余裕がある人」に、お金が飛んできてくれる**のです。

チョコレートをちょこちょこ食べると「金毒」が流れる！

食後やおやつに、チョコレートをひとかけら。
チョコレートの浄化作用は心に余裕をもたらします。

金運の食事

「幸せなお金持ち」が食べている意外な食べもの

成功者の人や大富豪の人に「お昼にどんなものを召し上がりますか?」という質問をしたことがあります。すると「鮭《さけ》定食が好きなんだよね。3日に1回は食べているかな」とか、「サバの味噌煮《みそに》とお味噌汁とごはん。あと根菜の煮物だね」とか、**「定食スタイル」を好んで食べている方が多かった**のです。

たしかに「一汁三菜《いちじゅうさんさい》」は栄養バランスの面で非常にすぐれているといわれています。「一汁三菜」とは、一汁(お味噌汁)、メインのおかず(焼き魚・生姜《しょうが》焼きなど)から一品、副菜(根菜の煮物・冷ややっこなどの小鉢《こばち》)などから二品、そして「ごはん」を組み合わせた「定食スタイル」的な献立《こんだて》のことです。この「定食スタイル」はたくさんの食材を使うためバランスのよい食事が摂《と》りやすく、飽きることがありません。

そして、この食事のことは「お金の話」に通じるところがあります。**「お金が入ってきたからといって、高価で贅沢《ぜいたく》なものばかりを食べていると金運が下がる」という不思議なルールがある**のです。高価で贅沢な食品といえば「サシの入った最高級ステーキ肉」「マグロの大トロ」「トリュフ」「キャビア」「フカヒレ」などがパッと浮かびますが、もちろん「時々楽しむ」という面ではまったく問題ないと思うのです。ところが「日常茶飯事《さはんじ》のように食べている」「高価で贅沢な食品を食べすぎる」……これをやっていると栄養バランスを崩《くず》すし、金運にもよくない影響を与えるのです。

江戸時代に水野《みずの》南北《なんぼく》さんという観相家《かんそうか》の大家がいました。「観相家」っていうのは、容姿や骨格などからその人の「運気」を判断する人のことです。この南北さんはあるとき「不思議なこと」に気が付いたんです。それは「人相が『福相』なのに運が下がっていく人」「手相が『福相』なのに運気が下がっていく人」がいること……そういう人がいるのが不思議でならなかったのですね。そこで南北さんはいろんなことを調べて、ついにその「原因」をつきとめました。それは「食事」だったんです。

どんなに福相をしている人でも「リッチな食材ばっかり食べる人」「お腹《なか》がいっぱいなのにまだ食べようとする人」……これらのことをしていると、たちまち運気を落として、お金が入ってこなくなってしまうのだとか。「万に一つの例外なし」水野南北さんはこのような結論にいたったとのことです。

あなたが「お金持ち」になっても、高価で贅沢なものだけを食べるのではなく「定食を愛する人」でいてください。そうすれば、いつまでも健康でいられるだけではなく、「お金」がとだえることなくあなたに入り続けることでしょう。

お金持ちになっても「定食」を愛そう！

どんなに「福相」を持っていても、

「贅沢なものばかり食べる」

「お腹がいっぱいなのに食べる」人は、運気が下がります。

歓迎の準備

玄関を常に明るい雰囲気にして、「お金の神様」を迎え入れる

実は**「お金の神様が寄りたくなる家」**というのがあるのです。そのポイントは**「玄関」**にあります。節分《せつぶん》には玄関に向かって豆をまきますが、あれは玄関から「鬼」（邪気《じゃき》）が入ってこないように「邪気払い」をしているのです。「玄関」というのは「鬼」（邪気）も「福の神」（金運）も入ってくるところ。**「玄関」を明るくキレイにしていれば「鬼」はシャットアウトされ、「福の神」だけに入ってきてもらえるようになる**のです。

玄関にたくさんの靴を並べているお家がありますが、それを見た「お金の神

様」は「ああ、このお家にはちょっと入りづらいなあ……」ととまどって、他の家に行ってしまうのです。ですから玄関に出しておく靴は「一人一足」にして、他の靴は靴箱にしまっておきましょう。

他にも**「玄関をキレイで明るい雰囲気しておくこと」**。そうするとお金の神様が入りやすいのです。

ポイントは、

- 玄関の「たたき」をいつもキレイに掃除しておく
- 玄関に敷く「ラグマット」は黒や茶色などのダークな色をさけて、パステルカラーやオレンジ、ピンク、黄緑など明るいさわやかな色のものを選ぶ
- 玄関に「アロマオイル」や「ルームスプレー」など、さわやかな香りをただよわせておく
- 玄関の照明が暗かったら「明るい照明」につけかえる
- マンションの玄関など、窓がなくて、光が入らず暗かったら、いつも照明を

つけて明るくしておく（起きているあいだはずっと照明をつけておく。寝るときは消してもＯＫです）

そうすると「玄関の波動」が明るく開放的になっていきます。

それから玄関にスーツケースを置いたり、宅急便で届いた荷物をそのまま置いている人もいるでしょう。一時的に置いておくのはいいのですが、なるべく早く片付けるようにしましょう。

玄関に荷物を置いておくと「なにか新しいことを始めると、途中でジャマが入る」と言われています。あなたの新しい仕事にジャマが入って途中でストップしたり、積み立て貯金にジャマが入って、目標金額にならないうちに引き落とさなくてはならなくなったり……と金運にも影響が出てきます。玄関の荷物を片付けると、滞っていた物事がびっくりするほどスムーズにいくようになり、「お金の流れ」もスムーズになるのです。

玄関に出しておく靴は一人一足。
荷物は早く片付ける。
明るく開放的な雰囲気にしておこう。

「お金の神様」が入りやすい玄関にしておくよう心がけましょう。

できる範囲で

みんながイヤがることを、自分からすすんで引き受ける

ある「幸せなお金持ち」を取材したとき、こんなふうに言われました。

「一生、お金に困らないコツはね、『汚れ役』をできる範囲で引き受けることです」

例えば、忘年会の幹事とか、マンションの管理組合の幹事とか、ちょっと面倒な会計だったり、みんなの共有スペースで汚れている場所を掃除するなど……。このように、**みんながイヤがったり、敬遠するようなことを自《みずか》らすすんで笑顔で引き受ける人に金運が集まる**というのです。ちなみに**「トイレ掃除」**

はその最たるものだとおっしゃっていました。

この「お金持ち」が教えてくれたことは、本当にすばらしいことだと思いました。そして「できる範囲で」というところがポイントです。例えばＰＴＡの役員やマンションの管理組合の幹事も「いま、家庭の事情がいろいろ大変で忙しくて手が回らない。でも、どうしてもやらなきゃいけない……」というふうに思うと、そこに「苦しさ」とか「ムリやり」という波動が生まれます。この「苦しさ」や「ムリやり」の波動が発生すると、お金を遠ざけることにつながります。なぜなら**お金は「ムリのない」「余裕のある」「楽しみながらの心」に集まるようになっているから。ムリにやるのならやらないほうがいい**のです。

いまの自分に「その仕事が引き受けられる余裕」があるとき、「いままでやったことがない役にチャンレンジするのもいいかもしれない」というような積極的な気持ちで、ムリなくすすんでやるのがいちばん「お金さん」に愛されるように思います。

人間って「私はイヤですからやりません……」「私には関係ないことですから……」で済まされないことがたくさんありますよね。誰かが「まとめ役」にならないとすすまない……。誰かが引き受けないと終わらない……。誰かが掃除しないと、キレイにならない……。そういう「役」ってあるものです。そういう役が必要であることを知りながら、いつも「見ないフリ」をしたり、できる余裕があるのに避けて通ろうとしている人は、人としてのバランスが悪くなり、「お金の流れ」も悪くなっていきます。

みんなの前で「その役、私がやらせていただきます！」とさわやかに手を上げる人って、かっこいいものです。そんな姿を周りの人も見ていますし、実は**天から「お金の神様」も見ている**のです。そして「あなたのその勇気とってもいいですよ！」と「ご褒美」を流します。その「ご褒美」は臨時収入という形でやってきます。「みんながイヤがる役をひきうけた直後、なぜか臨時収入が入ってきた」という人は、それは**お金の神様からの「いいね！」**なのです。

みんなが敬遠するようなことも、楽しみながら「できる範囲で」自らすすんでやってみる。

あくまでも「できる範囲で」がポイント。
お金は「楽しみながらの心」に集まるようになっています。

心の豊かさ

使うほど増える「大富豪のお金の使い方」

お金の節約はとても大事なことです。しかし、「とにかくお金を使わない！」「1円でも安くすませなきゃ……」ということに執着《しゅうちゃく》して、「安くお金を浮かせること」だけに時間をかけていると、実は「本当の意味での豊かさ」から縁遠《えんどお》くなってしまうのです。

私がいままで取材してきた「幸せなお金持ち」や大富豪の方々も、「仕事の出金《できん》」では絶対にムダを出さないように気を付けていました。しかし**プライベートでは、「心が豊かになること」に積極的にお金を使っていました。**

例えば、遠くに住んでいる友人で「逢いたいなあ！」とピンときた人がいたら、新幹線代でも飛行機代でも惜しみなく払い、すぐに飛んでいく人がいました。なぜなら「ピンときた人」に逢いに行くと、旅先で仕事のヒントをもらえるような出来事があったり、その友人と逢うことで「運の流れ」を変えてくれるような出来事があるからです。また、ただ電車に揺られて、窓から景色《けしき》を眺《なが》めているだけでも、「心のクレンズ」といって、気持ちを洗い流すような効果もあります。新幹線代や飛行機代は**「クレンズ代金」**ということになり、その人にとっては運を上げるための「必要経費」になるわけです。

また、ある成功者は「おいしいレストラン」を見つけたら、仲間やスタッフを連れて行ってご馳走《ちそう》することが大好きでした。**「みんなと自分が楽しくなることにはお金を使うことを惜しまない！」**とその人はよく言っていたものです。だからこそ、そういう人の周りには自然と**「豊かでかけがえのない人脈」が広がっていく**のでしょう。

また、お金が入ってきたらみなさんに**「お福わけ」**としてプレゼントしたり、お小遣いをあげたりする人もいました。その人は**「お金は必要なときに必要なだけ入ってくる」**と信じてやみませんでした。**お金は誰のものでもなく神様が「最高のタイミング」で流してくださるもの。**そう信じていて、実際にその人の「お金の流れ」はそうなっていたのです。

実は**「心が豊かになること」**にお金を使うと**「生き金」**となり、**使うほどにお金が増えていく「大富豪のお金の使い方」**なのです。お金を使ってみんなが楽しくなったり、人が喜んでいる顔を見ていると、「お金ってみんなを楽しくしてくれるな！」「もっと稼《かせ》ぎたい！」というふうに、あなたのお金を稼ぐモチベーションに「カチッ！」とスイッチが入るのです。もしもあなたの心に「お金のメンタルブロック」があったとしても、「お金を稼ぐスイッチ」が入ると、ブロックは自然と崩壊していきます。「お金を稼ぐスイッチ」が入った瞬間から、あなたは実際に「幸せなお金持ち」へと歩み始めることになるのです。

お金は誰のものでもなく、必要なときに必要なだけ神様が流してくださるもの。

「心が豊かになること」にお金を使うと「生き金」となり、使うほどにお金が増えていきます。

愛される波動

「波動のよさ」にお金をかけるようにする

私たちが「幸せなお金持ち」になるうえで、「お金の使い方」ってすごく大切です。**お金を使うときは自分が「心地《ここち》いいなあ！」と思ったことに使う。**いま自分が「心地いいなあ！」と思ったことは、自分にとって「波動がよいもの」となります。そういう**「波動のよさ」にお金をかけるようにする**のです。

例えば、ある成功者の人は、毎日寝るときに着替える「パジャマ」にお金をかけていました。「ジャージやスウェットなどでそのまま眠ると、リラックスできなかったり寝返りが打ちづらかったり、通気性・吸汗性・速乾性にすぐれていないので、安眠のさまたげになってしまうことがあるからね。それにお気に入りのパジャマが家にあると、家に帰って着替えるのが楽しみになるじゃない？」とその人は言っていたものです。オーガニックコットンのパジャマやルームウェア専門店で買う上質なパジャマは、確かにちょっと値段がはります。けれども「家でゆっくりとくつろぐため」と「安眠を守るため」と考えるとどうでしょう？　このパジャマにお金をかけることも、**「明日の波動のよくするためにお金をかける」**ということにつながります。

またお茶を飲むときに、月に1回でもホテルのティールーム（ティーラウンジ）に行ってみてください。もし月に1回が無理なら、3ヶ月に1回でもまったくかまいません。「ホテルのティールーム」で飲むコーヒーは街の喫茶店より値段が高いものです。喫茶店のコーヒーが600円だとすると、ホテルのラウンジで飲むと1000円以上することがあります。しかし、その400円以上高いコーヒー代は、**「豊かな波動をもらう経費」**だと思ってください。ラウンジのティールームがなんとも心地いいのは、**「場の波動」が豊かで波動がよいから**です。また、ホテルで働く人たちがプロとして洗練されていて、ホスピタリティ（心をこめたおもてなし）に満ちあふれています。またホテルに集まるお客さんからも「豊かな波動」が発信されています。そういう場所に月に1回でも行くと、コーヒーの価格の何倍もの「恩恵《おんけい》」を受け取ることができるのです。

私たちは**「豊かな波動」に触れると、その影響を大きく受けて自分の波動も「お金と共鳴する波動」（お金に愛される波動）となります。その「波動」に変わった瞬間、あなたの「お金の流れ」はサラサラと音をたてて勢いよく流れ出す**のです。

ちなみに「うるさい場所」「丁寧さが感じられない場所（モノ）」「落ち着かない場所」などは「豊かな波動」と合わないので、金運を上げたければ、なるべく行かないようにすることがベストです。

「心地いいなあ」と思ったモノ、上質なモノにこそお金を使いましょう。

「豊かな波動」に触れると、自分の波動が共鳴して、お金に愛される波動になるのです。

第4章

あなたの金運を「豊かさの波」に乗せましょう！

ポジティブな波動

「お金持ちのつもり」で行動すると、チャンスや豊かさを呼び込める

「豊かで幸せなお金持ち」になるには**「お金持ちになったつもりで行動すること」**。このことをやっていると、あなたの「波動の振動数」がぐんぐん上がっていくのです。そして「まだお金持ちになっていない状態」であっても、「すでにお金持ちになっている人」と同じようなチャンスや豊かさを呼び込むことになります。

その最たるものに、こんな方法があります。**「貯金通帳に1億円貯金があるつもりで生活する」**。「自分の貯金通帳にはいまの自分の貯金のほかに、あと1

億円入っているんだ！」ということを1日に何度も何度も何度もかみしめながら生活してみるのです。例えば、家賃や税金を払ったあとの貯金通帳を見ると「あれっ、こんな少ししか残ってないの！」っていうふうに、ドキッとすることってありませんか？　しかし「あとちょっとしかお金がない！」「やばい！　私、来月まで大丈夫!?」というような**「不安」や「あせり」の波動を出すと、あなたの「お金の川」はとたんに流れが悪くなる**のです。

「不安」や「あせり」というネガティブな波動が出ると「お金の川に大きな石をヨッコイショ！　と置いて、流れをせきとめている感じ」になると思ってください。**「お金の川」をサラサラと心地よく流すには、「心の余裕」や「軽《かろ》やかな気持ち」が必要になってくる**のです。「この支払いを済ませても私の貯金通帳には1億円がある！　だから、まだまだ大丈夫なんだ！」。「私は余裕があるから、ニコニコして人に親切にしていよう」。こんなふうに思っていると「幸せなお金持ち」の波動があなたから放たれるのです。

例えば近所のカフェで800円のサンドイッチのセットを食べるときは、「私の貯金通帳には1億円もあるから、食べようと思ったらホテルのレストランの3000円のランチも、有名な料亭の懐石《かいせき》料理だって食べられる。でも、あえてこのサンドイッチセットを選んだの。ここのサンドイッチって世界一おいしいんですもの」と思いながら食べてみるのです。「800円のサンドイッチセットしか食べられない」と思うのと、「あえてここのカフェのサンドイッチセットを選んだ」っていうのとでは、その人の出す「波動」が、がぜん違ってくるのです。

いうまでもなく、「あえてこのサンドイッチセットを選んだ!」と思っている人の「波動」のほうが、**豊かで充実感に満ちています。その思いがお金を引き寄せることになる**のです。とにかく今日から「貯金通帳に1億円あるつもり」で生活してみましょう。そうすると、あきらかに「お金の流れ」が変わってくると思います。

貯金通帳に1億円あるつもりで生活してみると、「お金の流れ」が変わる。

心に余裕や軽やかさが生まれ、
豊かで充実した波動を出せるようになります。

高める言葉

金運を上げたいなら「自分をさげすむこと」をやめる！

お金は「誇りを持っている人」のところに集まってくるように思います。どんなにいい人であっても、「私なんか……」となにかにつけて自分を卑下《ひげ》する人のところには集まりにくいのです。

自分のことをさげすんで言うことがクセになっている人がいます。例えば、「私なんてもうババアだからさあ」とか、「どうせ、いつまでたってもペーペーだ」とか、「うち、貧乏だったからさあ……」とか。この「自分をさげすむクセ」は、ご本人はちょっとふざけたり斜《しゃ》に構えたりして軽く言っているだけかもしれません。

でもね。**自分をさげすんで言えば言うほど、その「コトダマ」は宇宙に届いてしまいます。**そして「ますます自分をさげすまなければいけないような出来事」を引き寄せてしまうのです。そのことに1日も早く気が付きたいものです。

一生懸命、働いているのになぜかお金が入ってこない……。もしくは、お金が入ってきてもなにかトラブルが起きてすぐに出ていってしまう……。仕事がなかなか見つからない……。このように「金運」の方面に悪影響が出ている人は、「私って、自分をさげすむようなことを言っていないかな」と自分の言葉のクセを見直してみてください。

お金は「自分をさげすむ人」がキライです。**なぜなら自分をさげすんでいると「邪気《じゃき》」（悪い気）が集まりやすくなるからです。**そうなると、「貧乏霊」と呼ばれる金運を落とす「邪気」の標的《ひょうてき》にもなってしまいます。

たとえ、自分に自信がなくたっていいのです。誰だって失敗したり、うまくいかなかったり、やる気の出ない日やなんにも手につかない日もあります。でも、そんなときこそ「自分をさげすむようなこと」を何度も何度も言わないこと。「卑屈《ひくつ》な波動」こそお金が最も嫌うものです。

どんなときも自分を肯定する言葉を口にしていましょう。**「私って幸せだね」「私って恵まれているね」「私って豊かだね」。**こんなふうに、**自分の波動を高める言葉を好んで使っている人は、なぜか「臨時収入」が増えていきます。**これは「お金の神様」に愛され始めた証拠。そういう人のところにお金はどんどん集まっていくのです。

「お金さん」は幸せで誇りを持っている人に自分（お金）を使ってもらいたいのです。「こんな自分もなんかいいよな……」って、自分のことが前より好きになったとき、あなたの金運は飛躍的に上がっていくのです。

どんなときも「自分を肯定する言葉」を口にしよう！

「私って幸せだね」「私って恵まれているね」「私って豊かだね」。

自己肯定できると、お金さんも愛してくれます。

宇宙からのサイン

臨時収入から「宇宙のお金のステップ」は始まる！

ある日、突然、思いもかけないところから「臨時収入」が入ってくることってありますよね。「臨時収入」っていうのはお金で入ってくることもありますが、そのほかに以下のようなことも大きなくくりで「臨時収入」です。

●人から、野菜やお菓子、生活用品などの差し入れをいただくことが多くなる
●ご馳走《ちそう》になる機会が多くなる
●「ほしいなあ……」と思っていたモノを、ちょうどのタイミングでいただける
●本棚の後ろやしばらく使わなかったバッグの中から、忘れていた「貯金通

帳」や「商品券」が出てきた
●「これにお金がかかるなあ……」と思っていた出来事に対し、なんらかの理由で、お金が必要なくなった

こういうことが起きてきたら**「あなたの金運が上がっていますよ！」という「神様からのサイン」**です。

そして「臨時収入」の次にやってくるのが「たのまれごと」です。あなたの得意なことで「ぜひこれをやってほしい！」という「たのまれごと」が、誰かからくるようになります。**その「たのまれごと」を楽しくやっているうちに、いつしか自分の「天職」と思えるような仕事につながっていきます。**「天職」に向かい始めたとたん、宇宙はあなたに「大きなお金の流れ」を作って準備してくれる。このような**「宇宙のお金のステップ」がある**のです。

そして「臨時収入」は、「お試し試験」でもあります。「この人にお金を持たせるとどう使うのかな？」ということを神様はじっと見ているのです。人はお

金が入ってくると嬉《うれ》しくなってしまい、つい、あれもこれも買いたくなってしまいます。私の友人でケーキを山ほど買ってきて「一口ずつ、全種類味見をした！」という人がいました。子どものころからほしかったヒーローもののフィギュアを「大人買いしたんだよ！」という人もいました。

どう使ってもいいのですが、**大切なのは「神様が見ている！」ということ。この「お試し試験」でいちばん神様に減点をいただくのが「いちどにパーッと使ってしまうこと」。**後先考えずに嬉しい気分のまま、お金を全部使ってしまう。これをやってしまうと神様が「この人は『経済的な学び』をまだまだ続けたほうがよさそうだから、また、お金に困る状態に戻しましょうね」と判断してしまうのです。**「臨時収入」が入ってきたということは、いまのあなたのやっていることがまちがっていなくて、あなたがそれにふさわしい器《うつわ》になってきたということ。**そして「神様のお試し試験」となっているので、使い方までチェックしてもらっているということを覚えておきましょう。

臨時収入が入ってきたら、「金運が上がっている証拠」。

「神様が認めてくれている」という嬉しいシグナルですが、
「お試し試験」でもあることを覚えておきましょう。

活気と豊かさ

顔に「つや」を出そう！　部屋も「周りにあるモノ」もピカピカに磨こう！

「景気がよい」という言葉がありますが、これは「経済活動が活気をおびていること」をさします。実は、**金運というのはお金の「気」を運ぶエネルギーであり、「お金が活気よくにぎわって繁盛《はんじょう》しそうなところ」にサラサラと流れていく**のです。

さて「お金が活気よくにぎわって繁盛しそうなところ」を一発で見極めるとしたらどこでしょう？　それは**「光っているところ」**。いわゆる**「つやがあるところ」**なのです。繁盛していて活気のあるお店って、外から見たときに「なんかこのお店、輝いていてまぶしいな！」と感じたことはありませんか？　これがいわゆる「お店につやがある」っていうことなんです。また、いまノリにのっている人を見たとき「この人、なんか輝いてる！」と感じたことはありませんか？　あれもいわゆる「人につやがある」っていうことなんです。

「つや」っていうのは内側からにじみ出てくるようななめらかで美しい光のこと。その「つや」が「いまこのお店は活気がありますよ！」「いま、この人はノリにのっていますよ！」ということをひと目見ただけで、わかりやすく教えてくれる。いってみれば「この人のところに、あらゆる豊かさがふりそそぎますよ」という「合図」なのです。

ですから、豊かになりたかったら「つや」を出せばいいのです。**いちばんカンタンなのは「顔につやを出すこと」**。顔にクリームやオイルをこまめに塗《ぬ》って、いつもつやを出しておきます。顔につやを出し始めると、だいたい１週間以内に「臨時収入」が入ってきます（臨時収入は、最初はお菓子や果物をもらうなど小さいことですが、徐々に大きな金額へと増えていきます）。「顔につやを出すこと」を始め、髪、靴、つめなど「ピカッと光るように磨いておく」。またお部屋をキレイに掃除して、床やトイレの便器につやを出すことを心がけてください。また、水道の蛇口《じゃぐち》、鏡など「本来は輝いているべきなのに水滴《すいてき》などでくもってしまっているところ」をピカピカに磨いておきましょう。

本来は誰もが「キラキラ輝くために生まれてきている」のです。活気に満ちて、売り上げがいい会社やお店、リッチな人やセレブの顔には「つや」があり、「豊かなエネルギー」があふれてきます。その反対に、暗くて、よどんだところ（モノ・人）には、お金が集まってくることはまずありません。

「私ってなんかくすぶっているな……」と感じるのならば、自分と周りのモノに「つや」を出すことです。このことはとってもシンプルで誰もができることですが、その威力ははかりしれなく、「成功のゾーン」に入る入館許可証のようなものになっていると思ってくださいね。

「つや」は、「成功のゾーン」への入館許可証。

「つや」は生命力や豊かさの証《あかし》。
エネルギーのあふれるところによいものが集まってきます。

ムダな波動

お金に困っている人ほど「使わない紙袋」が捨てられない

実は私にも「お金の流れが滞っていた時期」というのがありました。

その当時、私には「ある習慣」がありました。それは今思えばとても「小さなこと」に思えますが、「洋服や靴やバッグを買ったときに入れてもらう紙袋が捨てられない！」というクセがあったのです。「きっといつかなにかに使うだろう……」「この紙袋はチェックでカワイイから捨てるのはもったいない」。

そんなふうに「もったいない」という気持ちがあって、なかなか捨てられなかったのです。月日を追うごとに私の「紙袋コレクション」は増えていきました。そして、クローゼットの中で「紙袋の起き場所」はかなりのスペースをとるようになっていきました。クローゼットの中に肝心《かんじん》の洋服はしまえなくなり、私は部屋に「つっぱり棒」を使って洋服をかけたりしていました。だから当時の私の部屋はいつも「雑然とした感じ」が漂っていたのです。

ところがあるとき **「『いらないもの』を溜めておくとそこから『ムダな波動』というものが出る！」という「不思議な法則」がある**ことを知ったのです。この話を聞いたとき、私は一瞬にして「紙袋コレクション」のことを思い出しました。「あそこから『ムダな波動』が出ているんじゃないかしら？」。そう思った私はいちもくさんに家に走って帰ると、クローゼットの中を開けて、びっしりと入っている紙袋をすべて外に出してみました。すると出るわ、出るわ……。クローゼットの奥の方からすっかり忘れていた紙袋も含めて、大量の紙袋が出てきたのです。

とりあえず、大きい紙袋１枚、中ぐらいのものを２枚、プチサイズの紙袋を

1枚……と「4枚の紙袋」を残して、あとはすべて処分することにしました。もちろん多少の勇気は必要でした。特に「高級店の紙袋」や「気に入った柄の紙袋」を処分するとき「とっておきたいなあ……」という気持ちになりましたが、心を鬼にして処分したのです。大量にあった紙袋がなくなり、クローゼットの中はびっくりするほどスッキリしました。そうしたら私の心の中に、えもいわれぬような快感が広がったのです。**「生活を大切にしたい」「必要なモノを厳選して丁寧に暮らしたい」そのような気持ちにあふれてきました。**

「もったいない」という気持ちを持つことはよいことです。しかし、「お金の流れ」という観点から見ると、もっと大切なことがあるのです。それは**「快適に生活できるスペースを確保すること」**。モノがぎっしりつまっていると、そこには「ギュウギュウ詰めの波動」が生まれてきて、「良い気」がスムーズに流れません。そして「快適なスペースがあるところ」にお金も集まりたいと思うものなのです。

いらないモノは処分して、よい気が流れる「快適なスペース」を作ろう！

本当に必要なモノを厳選して、丁寧に暮らせる環境を作りましょう。

きっかけ

「お金の問題が起こる」ときには、必ず意味があると考える

「お金のこと」を学び、誠実に取り組んでいる人なのに、「お金に関する問題が突然起こる」ということがあるものです。ギャンブルに夢中になったり一攫《いっかく》千金《せんきん》を狙《ねら》ったりしたわけでもないのに、「突然、お金の問題が起きた」というときは、実は宇宙からのメッセージがあるのです。それは、

「お金の問題をきっかけに人生が大きく変わるとき」。

私たちの魂は日々成長しているのですが、「いままでのステージから、ひとつ上のステージに行きたい！」と急成長をのぞむときがあるのです。そのとき

にいっけん「問題と見えること」がいろいろ起こってくるのです。

例えば「お金の問題」の他にも……、

●いままでのパートナーから卒業したくなる
●いままでの仕事をやめざるをえない出来事が起こる
●体調に変化が起こる
●いままで自分の周りにいなかったような新しい友人や仲間ができる

……そういった変化が現れるのですが、これらはすべて浄化《じょうか》のためであり、「古いエネルギーを浄化して新しい自分になるため」に起きているのです。

その中でも**「お金の問題」は「浄化のクライマックスとして起こること」です。**なぜなら人は誰でも「新しいこと」に対して進みたいのですが、その一方でいま自分が持っている「安定」というものを手放すのに躊躇《ちゅうちょ》して、進むことをやめてしまう場合があります。しかし「お金の問題が起きた」（自分の魂《たましい》がそれを引き起こした）ということは「それを乗り越えたとき、人生が大きくステージアップする」ということを自分の魂はわかっているのです。

いままで誰かに「お金のこと」を依存してきた人がいるとするならば、「そろそろ経済的に自立するときですよ」と宇宙が伝えてきているのかもしれません。また才能や魅力を持っているにもかかわらず、いつまでもカーテンにかくれるようにしていると「そろそろ自分の才能や魅力を惜しみなく出し切るときですよ」と宇宙が伝えてきているのかもしれません。

あなたになにかを伝えたくて、宇宙は「突然（に見える）お金の問題」を起こすのです。その**「お金の問題」をきっかけに「いまの自分を見直してみなさい。あなたの実力はこんなもんじゃないでしょう?」と促《うなが》してくれている**のです。

あなたがこのことに気が付いて、いま起きている「お金の問題」を自分で解決する知恵と経験を得たとき、あなたの人生は大きく開かれていくのです。そして「よく気が付きましたね」というご褒美として、あなたのところに「大きなお金の川」が準備されるのです。

「お金の問題」は、「人生がステージアップするタイミング」に起こる。

実力を出し惜しみしていないか、
自分を見直してみましょう。

光のバリア

この世に「貧乏霊」という存在がいることを知っておく

これからお話しすることは「とても信じられないような話」です。信じられない人は、この項目は読み飛ばしてくださいね。

実は、この世には「貧乏霊」というものがいるんです。**貧乏霊は「いい人なんだけど、お金のメンタルブロックがある人につきやすい」という性質があります。**

やさしくて親切な人だったり、一生懸命コツコツと働く人だったり、困っている人を見ると放っておけなかったり……。そのように「いい人」なのですが、お金のことにはルーズだったり、お金のトラブルがしょっちゅう起きていたり、収入がなかなか上がらなくて、「お金のこと」ではいつも苦労しています。「お金のことさえなかったら、あの人パーフェクトなんだけど……」という人に「貧乏霊」というものがついている場合があるのです。言ってみれば、「貧乏霊」は「いい人を利用する」という「ズルいところ」があるのです。

貧乏霊がつくと、こんな特徴が出てきます。

●どう見てもお金に困っているのに、「私はお金に困っていない」とか「こういう生活も楽しい」と言い張る
●「世の中、お金じゃない」とか「お金より、友達のほうが大事」とか「お金は大事なものじゃない」ということを何度も言う
●「お金の話」になるとソワソワして話を変えようとしたり、トイレに立ったりする
●掃除がキライで、部屋がいつも散らかっていたり、汚《よご》れている
●その人の周りの人がだんだん貧乏になってくる

自分の周りに「貧乏霊がついている人と思われる人」がいたら、**心の中で「ひきずられないぞ！」と決意してください。**そして**相手と逢うときは、顔に「つや」を出したり、キラキラしたアクセサリーをつけたり、笑顔でいるようにしてください。**そうすると「光のバリア」という結界ができて、あなたを貧乏霊から守ってくれます。

自分の家族や友人や仲間で「この人、貧乏霊がついているんじゃないかな…」と思う人がいたら、「相手を助けたい！」とあなたは思うことでしょう。それにはまず、あなたが豊かになることです。**あなたが「豊かな波動」をしっかりかためてから相手に逢うと、なにもしなくても相手はその「豊かな波動」の影響を受けるようになります。「複数の人がいるとき、強い波動を放っている人の影響を受ける」という法則がある**のです。「貧しさから抜けられない人を救うには、あなたがまず豊かになる」。これが正しい「貧乏霊対策」だと私は思っています。

貧しさから抜けられない人を救うには、あなたがまず豊かになること。

貧乏霊から誰かを助けたかったら。
まずあなたが幸せなお金持ちになって
「豊かな波動」を伝染させましょう。

愛と利他

これからの時代、「幸せなお金持ち」になる人の条件

この世のほとんどの人は、実のところ「自分は『お金持ち』なんかと縁がない」と思っているそうです。その理由は「学歴がないから……」「とりたてて秀《ひい》でたものがないから……」「たくさんのお金を得る方法がわからないから……」「ごくごく平凡な家庭で育ったから……」「親もおばあちゃんもお金に困っていたから……」。そういったさまざまな理由から、スタートラインに立つこともなくあきらめてしまうことが多いそうです。

いままでの時代では「お金をたくさん稼ぎたいと思ったら、一流大学を出

て、いわゆるエリートにならなければ難しい……」と思われてきました。ところがいま「新しい時代」（魂の時代）に入り、この流れが変わってきています。私が取材した成功者の人たちも声をそろえて言っていました。

「これからの時代は、年齢、学歴、仕事の経験、育った家庭環境など、いっさい関係なくなるよ。カタチにしばられず、いまみんなが求めていることを自分から情報発信していけば、自然とお金持ちになっていくんだよ」。

私はこの教えを知ったとき、ゾクゾクっと鳥肌がたちました。ひとつ例をあげると、いま「クラシル」という「レシピ動画」が人気です。ひとつの料理ができあがる工程をすべて上から撮影したものです。野菜やお肉などの材料が、やわらかく煮込まれたり、こんがり焼かれたりする様子がすべて動画に映っていて、最後には湯気《ゆげ》のたったおいしそうなできたてホヤホヤの料理が映されます。これ以上ないほどわかりやすいし、また動画を見ているだけでも「おいしそう！」と食べたくなります。その「レシピ動画」を考案し、提供している会社の社長は20代半ばだとか。「見る人に喜んでもらいたい」という柔軟な発想から生まれた「クラシル」は、「料理サイトに革命を起こした！」と言われているそうです。いまの時代は、「自分から情報発信しよう！」と思いついたら、それがタダ（0円）でできる「ツール」がいろいろそろっています。ブログ、フェイスブック、ツイッター、インスタグラム……。そういうものを使って自分から「みなさんのために少しでもお役に立てば……」と思いついたことを発信していけば、あなたのやっていることに対して「ファン」や「サポーター」がつきます。その「ファン」や「サポーター」の人に、自然と「押し上げられるような形」になって、あなたは成功し、豊かになっていくのです。

大切なのは、**発信する情報はあくまでも「誰かのために役立つこと」**。**「愛を惜しみなく投げかけられる人」にお金が集まる時代になっている**のです。「幸せなお金持ち」になりたい人は**「みんなが求めていることを自分から情報発信していく」を意識**してみましょう。

「誰かのために役立つこと」を思いついたら、どんどん情報発信してみましょう。

「愛を惜しみなく投げかけられる人」にお金が集まる時代になっているのです。

お金と愛

お金はあなただけでなく、「愛する人」も幸せにしてくれる

私はしみじみ「お金」というのは人が生きていく上で、とても大切な働きをしてくれていると思っています。

まず、自分が好きな服やバッグを買えることは、「よし、この仕事をがんばったら、自分にご褒美をあげよう」と仕事のモチベーションアップにつながります。着心地のいいパジャマやふわふわのブランケット（ひざかけ）など、部屋に「お気に入りのもの」がそろえてあると、家に帰るのが楽しみになります。自分がなにか新しいことを学びたくなったら、それを習いに行くための資

金にもなります。ピン！　ときたところへ旅行に行って、そこでかけがえのない思い出を作り、仕事に生かせるヒントやよい刺激を受けて帰ってくることもできます。

そして、いちばん重要なのは**「お金があれば、愛する人を喜ばせたり、助けてあげることができる」**ということ。「愛する人」がほしがっているものを、あなたがプレゼントしたときの相手の嬉しそうな顔。「愛する人」と一緒に旅行したときの相手の笑顔やその土地での思い出。そして「愛する人」がなんらかの理由で経済的に困っているときに、「大丈夫、心配しないでね」「私が援助するから頼ってくれていいんだよ」……そんなふうに言ってもらえたら、どれほど相手は安心し、あなたと出逢えたことを天に感謝するのではないでしょうか？

ある成功者の人から、私はこんなことを教わりました。

＊

愛する人や大切にしたい人がいたら、その人の「お金のこと」を考えてあげ

るんだよ。その人があなたに逢いにくるのに交通費もかかればお昼代もかかる。あなたが相手を呼び出したのなら、そういう「経費」のことまで考えてあげなさい。それからその人が仕事で成功できるように、自分にできる「応援」をしてあげる。それが相手に対する「愛」なんです。

お金のことまで気が回らなかったり、「お金と愛情は別だ」っていとも簡単に言えてしまうのは、本当の「愛」をまだわかっていないから。「愛」とは、愛する人の経済的なことまで考えられることだよ。

＊

いまあなたに「愛する人」はいますか？　それが家族でも、友人でも、恋人でも、仕事仲間でも、**その人の「お金のこと」まで配慮して、考えられるようになる。それが本当の「愛」**なのです。**お金はあなたを幸せにするだけでなく、あなたの「愛する人」も一緒に幸せにしてくれる。**それがわかると改めて「お金の大切さ」が見えてくると思います。

お金があれば、
愛する人を喜ばせたり、
助けてあげることもできる。

「愛する人」がいたら、
その人の「お金のこと」まで考えましょう。

著者紹介

田宮陽子（たみや・ようこ）

Yoko Tamiya

エッセイスト。

雑誌・書籍の編集者時代、1000人を超えるさまざまな「成功者」を取材する。その後、斎藤一人氏の本の編集協力を経て、エッセイストとして独立。

毎日更新しているブログが反響を呼び、1日平均27万アクセスを集め、アメーバ人気ブログランキング「占い・スピリチュアル部門」で1位を獲得している。

著書に『お金と人に愛される「つやの法則」』『お金と人に愛される「開運言葉」』『あなたの運は絶対！ よくなる』（以上、PHP研究所）、『見た目を磨くとすべてがうまくいく！』（永岡書店）がある。

1日3回、ブログを更新しています！

（ブログ）晴れになっても 雨になっても 光あふれる女性でいよう！
https://ameblo.jp/tsumakiyoko/

「わかちあいの会」で全国をまわっています！

私は自分の講演会を「わかちあいの会」と呼んでいます。

いま私の心に響いている「旬の話」、ブログには書けない「ヒミツの話」を、できるだけわかりやすく楽しく、お客さまにお伝えしています。

「わかちあいの会」のほかに「幸せな成功法則をシェアする会」や「金運アップ女子会」などもあります。会の告知はすべてブログでおこなっています。あなたと最高のタイミングでお逢いできるのを楽しみにしています。

田宮陽子の話をご自宅で聞いてみたい方へ

「わかちあいの会」に行きたくてもご事情があって行けない人や「自宅で気軽に田宮陽子の話を聞いてみたい……」という方のために作った「わかちあいの会　オンラインルーム」。毎月、田宮陽子の生の音声が届くとともに、「金運アップ」のコツを書きおろしでご紹介しているコーナーもあります。

田宮陽子「わかちあいの会　オンラインルーム」
http://agentpub.jp/phptamiya/

なぜか神様が味方する すごい！ 金運の引き寄せ方

2018年3月13日　第1版第1刷発行
2018年8月17日　第1版第2刷発行

著　　者　田宮陽子
発 行 者　後藤淳一
発 行 所　株式会社ＰＨＰ研究所
東京本部　〒135-8137　江東区豊洲5-6-52
CVS制作部　☎03-3520-9658(編集)
普及部　☎03-3520-9630(販売)
京都本部　〒601-8411　京都市南区西九条北ノ内町11
PHP INTERFACE　https://www.php.co.jp/
組　　版　有限会社エヴリ・シンク
印 刷 所　株式会社精興社
製 本 所　株式会社大進堂

ISBN978-4-569-83787-1

PHPの本

あなたの運は絶対! よくなる

田宮陽子 著

「宇宙からのお知らせを素早くキャッチする」「キラキラしたものは魔除けになる」など、邪気から身を守り、強運体質に変わる習慣39!

定価 本体一、〇〇〇円(税別)